LES SOUPERS DE SCHÉHÉRAZADE

DU MÊME AUTEUR

LA CUISINE D'AMOUR, Actes Sud, 1985.

Illustration de couverture :
Deux amants (détail)
Période Safavide, style Ispahan, C. 1630
Metropolitan Museum, New York

ISBN 2-86869-599-X

ODILE GODARD

Les soupers de Schéhérazade

RECETTES

PRÉSENTÉ PAR RENÉ R. KHAWAM

ACTES SUD
HUBERT NYSSEN EDITEUR

Sous l'incantation de cette charmeuse, le barbare peu à peu se civilise.

Tristan KLINGSOR,
Schéhérazade.

L'amour doit se déguster comme un mets délicat, car l'amour est une friandise.

CURNONSKY,
La Table et l'Amour.

N'écoutons pas les esprits chagrins qui affirment que manger donne des rides et des rhumatismes au corps comme à l'esprit ! Les aliments de plaisir par lesquels on célèbre la convivialité resteront, en quelque sorte, le refuge du rêve dans notre univers conditionné.

Jean-Marie BOURRE,
La Diététique du cerveau.

PRÉFACE

Les Arabes ont su mettre la poésie partout, y compris dans la nourriture. D'où ce livre succulent d'Odile Godard, *Les soupers de Schéhérazade*. En effet, il ne suffit pas de célébrer les effets grandioses de la parole pour sauver des vies humaines, il ne suffit pas de remplacer cette parole par l'amour, comme dans la conclusion des *Mille et Une Nuits* authentiques que nous avons traduites sur les manuscrits*. Il faut que les objets les plus ordinaires du monde qui nous entoure parlent et nous dépeignent la beauté du créé. Dieu est beauté, Dieu est amour, et ces attributs magnifiques se reflètent dans le décor, inerte en apparence, qui nous entoure.

Le mot explose en scintillements, l'objet parle, et ses différentes facettes se reflètent dans notre miroir intérieur. Voilà le chatoiement secret des *Mille et Une Nuits*. "Et,

* *Les Mille et Une Nuits*, trad. René R. Khawam, 4 vol., éd. Phébus, Paris, 1986-1987.

reprenant sa hotte, il la suivit, murmurant toujours : «Jour fortuné ! jour fécond ! jour de liesse !...» La femme acheta des pommes au teint clair, des coings de Turquie, des pêches de Khoullane, des pommes musquées, du jasmin, des nénuphars de Syrie, des concombres fins, des limons de Marakib, des cédrats de l'espèce royale, des roses blanches, du basilic, des fleurs de henné, de la camomille fraîche, de la giroflée, du muguet, des lis, des anémones, des violettes, des œils-de-bœuf aux pétales jaunes, des narcisses, des fleurs de grenadier..." (t. I, p. 199-200.) Et quelle poésie dans certains titres de plats : "Le Père Minaudier", "Le Sultan des farcis", "Le Cheikh des farcis", "La Friandise sous voile", "La Friandise sans voile", que l'on trouve couramment aujourd'hui, bien après les menus de Schéhérazade. La poésie est doublée d'humour et de malice, ce qui ne gâte rien.

Il est appréciable que le texte de ce chef-d'œuvre universel se présente dans ce livre d'Odile Godard avec son accompagnement de saveurs, de parfums, de bien-être partagé par toute une compagnie d'amoureuses et d'amoureux du verbe. Et il faut savourer ce goût de vivre sans se presser, à un rythme humain. La détente en vaut la peine dans cette époque de fébrilité continue où nous sommes obligés de vivre. Cette restitution nécessaire provoque la disparition de l'angoisse. *A quoi sert une richesse qui n'est pas employée dans le partage avec une agréable compagnie ?* dit un proverbe arabe. Echange de plats, d'histoires drôles, de romans d'amour, de contes fantastiques, tout cela mêlé aux cantilènes des mets :

"Dans les poêlons à frire, les œufs
ouvrent leur grand œil triste,
désolés d'avoir eu à finir leurs jours
– sort cruel – sur un brasier ardent..."

(t. I, p. 309.)

Les mets et les contes sont assaisonnés les uns par les autres.

L'émerveillement tient des uns et des autres. Et la joie pousse à la création poétique. Comme ces dames qui accédaient à l'improvisation amoureuse en pleine confrontation d'amour. Au pâtissier :

"Voici le chaudron de mon kouss
surélevé, au-dessus des fondations
de ma croupe. Retrousse tes manches
et touille dedans la pâte liquide
sucrée, en te servant du gros instrument*."

Bien qu'elles ne constituent pas un livre de cuisine aphrodisiaque, *Les soupers de Schéhérazade* évoquent tout cela, soit quand on les prépare, soit quand on les consomme. Est-ce du dévergondage ? Nenni. Pour les Arabes c'est une science, appelée *Bâh*. Elle a

* Cf. *Nuits de noces*, par 'Abd al-Rahmâne al-Souyoûtî, trad. René R. Khawam, éd. Albin Michel, Paris, p. 215.

ses théoriciens, ses spécialistes. Dans un récit d'al-Souyoûtî, théologien musulman renommé, commentateur du Qoran, un linguiste arabe, pour sa première nuit de noces, ne peut s'empêcher de citer deux prononciations différentes de l'appareil féminin. La femme quitte le lit et se prosterne à terre afin de remercier Dieu d'avoir daigné accorder ces deux prononciations différentes. D'autre part, des amis, lors d'une partie de campagne, émus par le sermon d'un prédicateur, décident, comme signe de leur conversion, de prendre chacun une nouvelle femme. Elle aide les hommes dans leur route vers Dieu, selon les principes du Qoran. "Parmi Ses Signes, il y a Sa création, pour vous, à partir de vous-mêmes, d'épouses, pour que vous y trouviez un apaisement. Il a établi entre vous une affection et une miséricorde. Et cela, il y a, certes, des Signes pour un peuple composé de gens qui réfléchissent*." Qu'y a-t-il d'étonnant à ce que Schéhérazade préside aux conversations au cours des repas de convivialité et travaille à l'apaisement des convives ?

Non seulement les plats et les mets ont, jusqu'à nos jours, une appellation humoristique, mais aussi les épices présentent un double sens. Il y en a qui réveillent les élancements et les feux d'artifice chez les plus

* Cf. notre traduction du Qoran, Maisonneuve et Larose, Paris, 1990, Sourate (chapitre XXX, verset 21).

réticents et provoquent le retour des vieillards à leur adolescence. Un jour, un calife, ayant été rebuté par le manque de préparation d'une de ses femmes, celle-ci lui fit tenir, en plein conseil, une écuelle pleine de coriandre. En effet, son nom arabe, prononcé avec un *ch* au lieu du *c*, signifie : “Mon appareil est propre.” Alors le calife s'en fut tout de suite assouvir la soif réprimée. Si l'on passe à un des convives de la confiture de bigarades (oranges amères), son nom arabe, prononcé autrement, veut dire : “Du feu est arrivé.” Les fleurs qui décorent la table ont aussi une signification. La rose est vite fanée ; il faut en profiter sur-le-champ, à moins d'en fabriquer de la confiture. Mais toutes les roses ne sont pas propres à cet emploi. Il faut la rose de Provins, rapportée de Damas par un chevalier revenant de la croisade. C'est comme le verjus, bien meilleur pour les salades que le vinaigre. Là aussi, un plant de vigne donnant le verjus a eu la même origine et a été planté sur les coteaux de Suresnes, près de Paris. On en fait aujourd'hui du vin, mais on devrait revenir à son ancienne spécialisation.

Le mariage des fleurs et des mets doit être conclu dans de bonnes conditions. Comme dans tout mariage musulman où c'est à l'homme de payer la dot, le mets doit apporter sa contribution dans son union avec la fleur. Le jasmin, par exemple, a un nom dont la décomposition donne : “Le désespoir est une erreur.” Il doit figurer sur la table en compagnie de plats qui contiennent des légumes revigorants. En voici un : oignons, beurre frais avec de la crème en abondance et du miel. Nous ne l'avons pas expérimenté nous-mêmes, mais cela indique un désir de recherche dans ce domaine-là.

Maintenant, abordons un danger évident, lors de ces festivités culinaires. Nous considérons que c'est un devoir pour nous d'en parler, afin de protéger les aimables lectrices et lecteurs de ce livre. C'est au cours de ces repas de Schéhérazade qu'un observateur attentif peut déceler le caractère profond de chaque convive. Jugez-en par ce texte traduit par nous de l'arabe* : "Le guetteur sent la fringale la plus intense s'emparer de lui avant que les mets soient cuits… Le comptable est absorbé par l'inventaire des plats… Le ratisseur forme la bouchée qu'il se propose d'ingurgiter sur le bord opposé du plat et la traîne jusqu'à l'autre bord en passant par le milieu. Le suceur porte les aliments à sa bouche et les humecte d'une salive abondante… Le secoueur, dès qu'il a mis un morceau dans sa bouche, agite ses doigts… Le rongeur coupe la viande pour en garder une partie et remettre le reste dans l'assiette commune. L'hypnotiseur regarde fixement le visage de ceux qui mangent jusqu'à leur faire perdre contenance… Le compresseur

* *Propos des Arabes sur la vie en société*, éd. Albin Michel, Paris, 1964, p. 18-19.

fabrique des compresses alimentaires… Le nageur nage la brasse tout près de la table… Le répartiteur prend sa part de tous les aliments servis sur la table, comme s'il s'agissait de la distribution du butin après une bataille. Le nettoyeur se cure les dents. L'approvisionneur met de côté les provisions… Le marineur laisse les bouchées mariner dans la sauce… L'inspecteur tâte les viandes. L'essuyeur, après avoir formé sa bouchée, essuie dessus ses doigts… L'émietteur remplit de miettes tous les plats où il met la main… Le teinturier retire les aliments et les transporte d'une assiette dans une autre… Le souffleur souffle successivement sur tous les mets… Le stockiste rassemble autour de lui un stock de provisions… Le joueur de coudes repousse loin de sa personne ses voisins… Le joueur d'échecs change continuellement les mets de place selon une stratégie qui lui est propre. L'ingénieur se charge d'indiquer aux domestiques qui apportent les mets les endroits où il faut les poser. Le faiseur de souhaits soupire à tout moment, comme s'il disait : «Plût au ciel que je fusse le seul convive ici !» Le bradeur va trouver le maître de maison et lui dit : «Cher ami, s'il reste encore quelque chose au fond des marmites, fais-le apporter ici, parce qu'il y a encore des invités qui n'ont pas mangé à leur faim.»"

Donc, prenez garde que votre comportement à table ne décèle le fond secret de votre caractère. A moins que ce ne soit une occasion pour examiner les capacités professionnelles d'un employé à engager dans une entreprise. C'est quand même plus agréable que de faire subir un test à un candidat devant un bureau stérile. Avis aux amateurs.

Pour parer à ce danger subtil, nous suggérons quelques proverbes populaires arabes : *Une odeur suave facilite l'exercice des facultés intellectuelles. A peine l'on commença à battre du tambour pour annoncer la fête que 'Othmâne arriva, nu comme un ver, une main par-devant, une main par-derrière . Si de ma main, je lui donne des bouchées de miel, il serait capable de me mordre les doigts. Un convive qui mange avec l'avidité d'un voleur à la tire à la table d'un voleur de grand chemin. Boire à longs traits éteint la soif, boire à petites gorgées fait durer le désir de boire. Celui qui est né dans la pauvreté, la richesse le rend insolent ; celui qui est né dans la richesse, l'opulence ne le rend que de plus en plus modeste.*

Ces informations ayant été données pour introduire le lecteur au plaisir de lire et de compulser fréquemment ce beau livre, il nous reste à revenir à la piété dont est imbu un Arabe conscient de ses traditions. On trouve dans le Qoran cette recommandation applicable aux *Soupers de Schéhérazade* : “O vous qui avez cru, n'entrez pas dans des maisons qui ne sont pas les vôtres avant de vous faire connaître de leurs habitants et de les saluer. Cela est un bien pour vous*." "Entrez dans les maisons par leurs portes et ressentez une crainte respectueuse de Dieu**."

RENÉ R. KHAWAM
Suresnes, le 5 août 1990.

* Qoran, *op. cit.*, XXIV, 27.
** Qoran, *op. cit.*, II, 189.4.

AVANT-PROPOS

Combien de fois la célèbre conteuse des *Mille et Une Nuits*, Schéhérazade, la fille du grand vizir condamnée à mourir au petit matin si elle ne parvient pas à tenir en éveil le sultan par son récit, n'a-t-elle pas nourri l'imaginaire d'Occidentaux friands de contes fantastiques où le merveilleux le dispute à la sensualité des propos ? Combien de fois la magie du récit n'a-t-elle pas opéré et transporté le lecteur auprès de la créature de rêve qui hante ses fantasmes ? Combien de fois encore le livre une fois refermé n'a-t-il pas laissé sur les lèvres comme un goût parfumé que l'on se plaît à savourer longuement ? Tous les plaisirs des sens se conjuguent ici pour célébrer les vertus de l'amour avec cet art inimitable qu'ont les Orientaux de mêler ravissement de l'âme et jubilation charnelle.

Depuis que, dans sa dernière traduction des manuscrits originaux, René R. Khawam a restitué aux contes des *Mille et Une Nuits* toute leur saveur originelle*, le lecteur est comblé, tant est grand le luxe tout à la fois de détails se rapportant à la réalité de la vie quotidienne et de références poétiques propres à le faire accéder à l'imaginaire arabe. L'envoûtement est total, le bonheur parfait. On ne demande qu'à se laisser emporter encore et encore, toujours plus loin, dans les dédales du récit que la conteuse, inlassablement, déroule pour le plus grand plaisir du roi Chahriyâr et pour le nôtre aussi. Alors insensiblement, page après page, la fiction cède le pas à la réalité, le décor devient envahissant au point que chaque détail en devient perceptible. Les personnages de chair et de sang sont là si présents qu'ils invitent le lecteur à partager leurs plaisirs, leurs angoisses et leur joie de vivre. La tentation devient grande pour l'imagination de partir à leur suite en ajoutant ici ou là quelques détails que la conteuse aura préféré laisser de côté pour ne pas briser l'élan du récit. Il en est ainsi des plaisirs de table, pour ne parler que d'eux, si souvent évoqués en forme de prélude aux aventures amoureuses ou rocambolesques des héros. Là encore, le raffinement que l'on prête aux Orientaux jusque dans les arts de

* *Les Mille et Une Nuits*, texte établi sur les manuscrits originaux par René R. Khawam, Phébus, 1986-1987. Les textes suivis d'un astérisque renvoient aux textes complets des contes des *Mille et Une Nuits*. (Voir références bibliographiques page 261).

la table exerce son pouvoir mythique. N'ont-ils pas précisément le secret de ces alliances sucrées et salées mariant avec bonheur fruits secs ou fruits frais aux viandes, poissons et légumes ? Saveurs sucrées-salées que l'on redécouvre aujourd'hui après les avoir si longtemps oubliées...

C'est à la cour des sultans qu'a pris naissance cette savoureuse cuisine orientale dont tous les pays de culture méditerranéenne conservent encore de nos jours de si nombreux emprunts. Le livre de Bagdad en 1226 et la *Wusla* ("le livre de l'union avec l'ami ou description des bons plats et des parfums") attribuée à un prince de la cour d'un sultan ayyûbide au milieu du XIIIe siècle comptent parmi les premiers véritables livres de cuisine parvenus jusqu'à nous. Dès lors, on ne sera pas surpris que Schéhérazade, la belle sultane, ait eu elle-même une connaissance approfondie des raffinements de la table.

Alors oui, j'ai craqué... Imaginer quels ont pu être ces mets aux saveurs subtiles dont le récit nous met souvent l'eau à la bouche, ainsi que l'ambiance dans laquelle ils étaient servis, est un jeu auquel je me suis laissée aller. Jeu d'autant plus séduisant que le royaume habité par les héros des *Mille et Une Nuits* couvre un territoire immense allant des rivages de la Méditerranée jusqu'aux marches de l'Orient extrême, permettant ainsi d'approcher la cuisine orientale sous ses aspects les plus variés. Jeu dangereux peut-être du point de vue du lecteur qui pourrait se méprendre en croyant trouver ici un traité de véritable cuisine orientale. J'ai choisi le parti de la vraisemblance plutôt que celui de la parfaite authenticité, brodant en quelque sorte autour d'un thème – les plaisirs de bouche au pays des *Mille et Une Nuits* – et adaptant chaque fois que possible les recettes aux façons de se nourrir et aux produits qui sont aujourd'hui les nôtres. Elles n'en conservent pas moins tout leur parfum d'exotisme, ne serait-ce que par des combinaisons de saveurs qui nous sont parfois inconnues.

Le bref rappel de l'épisode des *Mille et Une Nuits* qui sert de support aux soupers de Schéhérazade, tel un livret d'opéra, n'a lui-même pas d'autre prétention qu'inviter le lecteur à entrer dans le jeu de la narratrice. Comment prétendre restituer en quelques phrases l'ambiance véritable du conte dont les propos tour à tour merveilleux, poétiques, sensuels ou érotiques se nourrissent, de page en page, d'une infinité de nuances et de détails ? Tel ne pouvait être l'objet d'un livre de cuisine. D'ailleurs, on ne récrit pas les *Mille et Une Nuits* ! Mais si d'aventure le lecteur puisait ici l'envie de retourner aux sources pour goûter pleinement toute la saveur du conte, son bonheur serait complet.

Dans l'immédiat, puisse ce petit livre ouvrir la porte du rêve et réveiller le magicien qui sommeille chez ceux et celles pour qui l'art de se nourrir est beaucoup plus que des recettes ! Alors, après en avoir parcouru les pages, ferme le livre, ô lecteur très cher, et ne songe plus qu'à célébrer le plaisir d'être à table avec ce talent que donnent aux gens d'esprit les divertissements gastronomiques sous toutes leurs formes, comme le fit le poète des *Mille et Une Nuits* :

Accours auprès des sarcelles qui se prélassent
dans le bain printanier d'une vinaigrette...
Prononce l'éloge funèbre de la friture
et le panégyrique des filets de viande grillée !

Célèbre la mémoire des perdrix, ces volatiles
que pour ma part je n'ai cessé d'honorer ;
et n'oublie pas de mentionner
poussins frits et poulardes !

O regrets de mon cœur
pour deux plats de poisson qu'escortent
deux galettes de pain
aux douces senteurs !

Dans les poêlons à frire, les œufs
ouvrent leur grand œil triste,
désolés d'avoir eu à finir leurs jours
– sort cruel ! – sur un brasier ardent...

Dieu ! l'excellente grillade !
Et ce rafraîchissant plaisir ensuite
d'un brin de salade trempé
dans le vinaigre des écuelles !

Ah ! que la faim ne me tourmente sans me laisser
trouver refuge auprès de la soupe de froment,
bonne à manger à la lueur des anneaux d'or
qui scintillent aux bras des femmes !

Patience, ô mon âme, car la fortune
se plaît aux changements imprévus :
tel jour elle te condamne au jeûne,
*et le lendemain te délivre de tout souci...**

ODILE GODARD,
Maillane, juin 1990.

PROLOGUE

— O ma sœur, si tu ne dors pas, raconte-moi une de tes belles histoires, de celles qui nous aidaient à passer nos veillées. Ensuite, dès avant l'aube, je te ferai mes adieux, car je ne sais trop ce que demain te réserve...

Chahrazade demanda au roi :

— Me permets-tu de lui raconter une histoire ?

— Oui, fit le roi.

Chahrazade, toute à sa joie secrète, s'adressa alors à sa sœur :

— Ecoute, lui dit-elle...*

Ainsi commençait chaque nuit le récit de la belle sultane.

Avant de découvrir quelques-uns de ces merveilleux contes qui enchantèrent le roi Chahriyâr au point de le détourner peu à peu de ses funestes pratiques, laissez-moi vous raconter ici quelle fut la vraie histoire de Schéhérazade telle qu'elle est parvenue jusqu'à nous.

Dans les temps très anciens, lorsque la dynastie des Sassanides étendait son empire de la Mésopotamie à l'Indus, le roi Chahriyâr entra dans une violente colère en apprenant, au retour de la chasse, que son épouse en titre le trompait allégrement avec un superbe serviteur noir habituellement préposé aux cuisines. Ayant convoqué son vizir, il lui intima l'ordre de se saisir aussitôt de l'épouse infidèle et de la livrer aux mains du bourreau. L'amertume du roi était alors si grande qu'il décida de ne plus jamais dormir qu'une seule nuit avec chacune de ses épouses. Ainsi, jour après jour, le roi demandait à son vizir de lui amener une jeune et belle adolescente, il passait la nuit de noces avec elle et, dès les premières lueurs de l'aube, il donnait l'ordre de la faire tuer. Tant et si bien qu'il régnait dans tout le royaume, chez les parents des adolescentes, une grande crainte. Le vizir lui-même était profondément affligé, mais comment aurait-il pu refuser d'exécuter les ordres du souverain ?

Le vizir avait deux filles. L'aînée, Schéhérazade, était belle, intelligente et sage. De surcroît, elle avait été formée aux belles-lettres. Un soir, elle vint trouver son père pour lui exposer le projet que, secrètement, elle avait formé. Son père pensait, en l'écoutant, qu'elle avait perdu la raison. Ne prétendait-elle pas épouser à son tour le roi ? C'était folie pure de croire qu'elle, Schéhérazade, parviendrait à le guérir de sa maladie et à libérer ainsi de leur angoisse toutes ses semblables qui redoutaient d'être un jour mariées au roi.

Le vizir s'employa à raisonner sa fille, hurla sa colère, se fit menaçant, mais aucun argument ne parvint à dissuader Schéhérazade de son projet. Que pouvait-elle donc avoir en tête ? Vaincu par tant d'obstination, la mort au fond de l'âme, le père s'en alla donc trouver le roi pour lui annoncer la nouvelle. La jeune Schéhérazade, sa fille aînée, serait son épouse s'il le souhaitait dès le soir même. Ainsi fut fait, pour la plus grande satisfaction du roi Chahriyâr !

Au cours de la nuit, lorsque les jeux des amants prirent fin, la belle Schéhérazade demanda au roi une dernière grâce. Elle souhaitait que l'on introduise dans la chambre sa jeune sœur, Dounyazade, afin de lui faire ses adieux avant que les premières lueurs de l'aube n'apparaissent. La jeune fille arriva bientôt, s'installa au pied du lit et, avant que les époux ne s'endorment, demanda d'une petite voix :

— O ma sœur, si tu ne dors pas, raconte-moi une de tes belles histoires, de celles qui nous aidaient à passer nos veillées. Ensuite, dès avant l'aube, je te ferai mes adieux.

Schéhérazade s'adressa alors à sa sœur :

— Ecoute, lui dit-elle…

Et elle conta jusqu'au petit matin une si belle histoire que, lorsqu'elle interrompit son récit dès l'aube naissante, le roi se demandait comment faire pour en connaître la suite.

— Si je reste en vie et si tu m'accordes un délai, ô mon roi, répondit Schéhérazade, je te raconterai la nuit prochaine de nouveaux épisodes plus merveilleux et plus étonnants encore. Et le roi, encore sous le charme de la conteuse, se laissa convaincre.

Le soir revint et la nuit aussi. Il en fut comme pour la précédente. Nuit après nuit, sous le regard complice de Dounyazade, Schéhérazade continua ainsi de dévider le fil de son histoire pendant mille et une nuits...

Le roi ne pensait plus alors qu'à louer le Dieu très haut de lui avoir donné semblable épouse. Il invita tout le peuple à se réjouir avec lui et décréta de grandes fêtes dans tout le royaume, qui durèrent trente jours. Le roi Chahriyâr et Schéhérazade vécurent ainsi dans le bien-être, le plaisir, le bonheur et la gaieté jusqu'à ce que vienne Celle qui ruine l'édifice des plaisirs et disperse les assemblées.

1

LA BOUTIQUE DU TRAITEUR ALADIN

Un jeune traiteur d'une beauté parfaite comme la lune en son plein tenait boutique dans les halles de la ville. Ajoutant à sa beauté une grande maîtrise de l'art culinaire, le traiteur constatait avec bonheur que, jour après jour, sa boutique ne désemplissait pas. La rumeur qui courait la ville au sujet des merveilles réalisées par la beauté et les talents du traiteur Aladin parvint bientôt jusqu'au palais du calife. La jeune princesse Lune-des-Lunes décida à son tour de se rendre dans le plus grand secret à la boutique d'Aladin. Avec la complicité de sa servante Etoile-du-Soir dont l'imagination subtile savait mettre au point mille subterfuges, ce fut chose facile. Séduits par leur beauté réciproque, les deux jeunes gens devaient, pour leur plus grand malheur, tomber aussitôt amoureux.

Un matin, le vieux sage persan auquel Aladin avait offert l'hospitalité, comprenant la tristesse du jeune garçon qui se trouvait dans l'impossibilité de revoir la princesse, vint le trouver en lui disant :

— Prépare un souper aux mets les plus raffinés dignes de séduire Lune-des-Lunes, rends-toi ensuite aux bains publics et une fois lavé, massé et parfumé, habille-toi avec soin. Et ce soir même, la princesse sera dans ta chambre, je te le promets.

Aladin s'empressa de suivre point par point le plan du vieux sage. A l'heure dite, Lune-des-Lunes transportée par un cortège de djinns était déposée endormie sur le lit du jeune homme. Lorsqu'elle revint à elle, Aladin était à ses côtés et s'employait à dresser une table avec tout le raffinement dont il avait le secret. Il apporta de lourds chandeliers d'argent, alluma les bougies imprégnées de camphre qui répandirent aussitôt dans la pièce un parfum exquis et disposa les mets délicats qu'il avait préparés pour elle. Sur la desserte, aux côtés des fruits et des carafons de vin, un grand plat de forme allongée présentait un assortiment de morceaux de gingembre confit et de tranches d'oranges pelées à vif.

La soirée et la nuit furent, pour les amants, un enchantement complet. Ils conjuguèrent plaisirs de bouche, bonheurs de l'esprit et volupté des corps dans la plus parfaite insouciance. Il en fut ainsi nuit après nuit, aussi longtemps que les ruses de l'ifrite Quachquache parvinrent à faire sortir la princesse du palais sans que personne ne s'en aperçoive*...

La conteuse suspend là son récit et, pour remercier Dounyazade de lui avoir prêté une oreille attentive, entreprend alors de lui dévoiler quelques-uns des secrets qui conduisent aux plaisirs de bouche en prélude à une nuit de fête et d'amour.

— O ma sœur, reprit Schéhérazade, toi qui aimes flatter la gourmandise des convives et réjouir leur esprit à l'aide de quelques mets de choix, écoute maintenant…

SOUPE AU MELON

Un melon gorgé d'eau et de soleil révèle un parfum sucré particulièrement délicat lorsqu'on l'accommode en potage et prédispose à réserver le meilleur accueil aux mets qui vont suivre. Aladin, en vrai professionnel qu'il était, connaissait l'art qui doit présider à la composition d'un repas pour que le bonheur des convives soit parfait.

Je commence par réserver quelques billes de pulpe qui seront mises dans la soupe au moment de servir. L'alliance des deux consistances, celle des morceaux de melon et celle du potage, ajoute une pointe de raffinement propre à séduire les palais délicats. Je mets ensuite à cuire le reste de la pulpe de melon dans une casserole avec l'eau. Une cuisson douce pendant une dizaine de minutes suffit. Tu n'oublieras pas d'ajouter un peu de sel et de poivre.

Pendant le même temps, je fais mijoter dans l'huile l'oignon émincé jusqu'à ce qu'il devienne transparent. Il est préférable de ne pas le laisser blondir. Je mélange ensuite oignon et melon pour qu'ils cuisent ensemble pendant une dizaine de minutes.

Je passe alors la soupe pour la transformer en un velouté auquel j'ajoute un peu de crème. Il faut alors remettre sur le feu sans craindre de laisser cuire pendant quelques minutes à petits bouillons pour permettre à la crème d'épaissir et de donner à la soupe son velouté.

Un séjour au frais pendant au moins 3 heures est nécessaire avant de servir.

Au moment de servir, j'ajoute les billes de melon et je dispose de la menthe ciselée sur le dessus du potage. Celui-ci se présente ainsi dans une harmonie d'ocre et de vert toute de fraîcheur pour l'œil et le palais.

Pour 4/6 personnes

500 g pulpe de melon, 1 l d'eau, 1 oignon doux, 100 g crème fraîche allégée, 1 petit bouquet de menthe fraîche, poivre rose.

POIVRONS CONFITS AUX ANCHOIS

J'ai une prédilection pour cette préparation savoureuse qui, sans avoir la violence du piment, allie la saveur subtile du légume à l'arôme corsé de l'anchois. D'ailleurs, ce dernier n'excite-t-il pas tout à la fois l'appétit et le désir ?

Au poivron vert, je préfère toujours le rouge dont la douceur est presque sucrée. Il faut compter approximativement un poivron et un anchois au sel par personne. Je cuis le poivron au four avant de le peler et de l'épépiner. Quant aux anchois, je prends soin de les laver abondamment à l'eau claire en leur ôtant arêtes, têtes et queues.

La préparation est ensuite très simple. Dans un plat étroit et légèrement creux, je dispose filets de poivrons et filets d'anchois étroitement serrés les uns au-dessus des autres, j'ajoute quelques graines d'un poivre parfumé, un peu de sel, un jus de citron et un filet d'huile d'olive. Et c'est tout. Une nuit au frais permet au mélange des parfums d'opérer la transformation pour le plus grand plaisir des convives.

Pour 4 personnes

4 poivrons rouges, 4 anchois au sel, 1 citron, 15 grains de poivre de la Jamaïque, 4 cuillerées à soupe d'huile d'olive 1re pression à froid.

ÉTUVÉE D'AUBERGINES

L'aubergine est, tu le sais mieux que personne ô toi ma sœur très chère, ce merveilleux fruit de la terre que le Ciel nous a donné pour satisfaire indéfiniment, sous de multiples formes, notre penchant naturel à la gourmandise. Tous aiment à y goûter, aucun ne s'en repent. Point n'est besoin d'entreprendre quelque préparation longue et coûteuse dès lors que les aubergines sont juste cueillies et qu'elles n'ont pas encore fait provision d'amertume. Tout l'art de celles qui eurent les faveurs de Lune-des-Lunes réside dans un parfait équilibre des saveurs qui se combinent ici. Rien de plus...

Après avoir pelé tous les légumes, il convient de couper les aubergines et les tomates en tranches un peu épaisses et de hacher menu les oignons. Tu choisis alors un joli plat en terre vernissée allant au four ou, mieux encore, une porcelaine blanche à feu. Sur le fond du plat, tu disposes le hachis d'oignons et par-dessus, alternativement et se chevauchant, une tranche d'aubergine, une tranche de tomate, une tranche d'aubergine, etc. Une fois le plat bien garni, tu n'oublies pas d'assaisonner de sel, poivre, thym émietté et marjolaine. Le secret, veux-tu savoir, consiste à ajouter quelques cuillerées à soupe d'huile d'olive qui donneront au mélange l'onctueux nécessaire sans pour autant l'alourdir.

J'allais oublier les gousses d'ail écrasées ! C'est pourtant essentiel... pour donner une pointe d'esprit au plat et parfois aussi aux convives.

La cuisson se fait au four pendant 1 heure environ en prenant soin de couvrir le plat de telle sorte que l'évaporation de l'eau des légumes soit très lente. Avant de servir, un petit séjour au froid est nécessaire ; mais tu prendras soin de ramener le plat à température ambiante au moment de servir afin d'en rendre perceptibles les saveurs les plus subtiles.

Pour 4 personnes

4 aubergines brillant d'un beau violet, 6 tomates mûres, 2 ou 3 oignons selon grosseur, 2 gousses d'ail, 1 petit verre d'huile d'olive, 1 branche de thym, 1 cuillerée à café marjolaine, 1 feuille papier d'alu.

SALADE DE LA MER

Sur la table garnie d'un assortiment de mets variés parmi lesquels chacun aime à picorer, une salade composée de fruits de la mer apporte la note rafraîchissante qui convient aux palais gourmands. Tu n'auras aucune peine à régaler ainsi tes invités en toutes saisons, tant est grand le choix des poissons et crustacés dont la salade peut s'accommoder.

La préparation est relativement simple et n'exige que peu de temps en cuisine. Il convient tout d'abord de dépouiller gambas et langoustines de leur carapace avant de les faire griller à feu vif dans une poêle avec une noix de beurre. Je cuis ensuite les filets de poisson à la vapeur pendant 2 minutes à peine. Puis, je coupe en petits cubes gambas et langoustines et j'effeuille le poisson et le crabe. Dans un saladier, je mets tous les morceaux à mariner ensemble avec l'huile, le gingembre râpé, la menthe hachée, un peu de sel et de poivre.

Au moment de servir dans des coupes individuelles ou dans un grand plat, je fais un lit de feuilles de salade finement coupées. Je dispose sur le dessus le mélange de poisson et de fruits de mer ainsi que de petits morceaux de citron pelés à vif et j'assaisonne avec la marinade dans laquelle j'ajoute un jus de citron.

Pour 4 personnes

1 belle salade (scarole ou batavia), 4 gambas, 4 langoustines, 150 g filets de rascasse, 150 g crabe, 2 citrons verts, 3 cuillerées à soupe huile d'olive, 1 cuillerée à soupe menthe fraîche hachée, 1 morceau gingembre frais, poivre en grains et sel, 30 g beurre.

POULET FARCI AUX CŒURS DE PISTACHES

Voici le plat que le jeune traiteur Aladin réalisa pour la première fois tout spécialement à l'intention de la jolie princesse dont il était follement amoureux. Il a bien voulu m'en confier le secret que je te livre à mon tour, ô ma sœur très chère, pour en faire le meilleur usage lorsque tu souhaiteras honorer particulièrement quelque aimable visiteur.

Pour réaliser la farce qui va donner au poulet toute sa saveur, tu commenceras par faire tremper les raisins secs dans de l'eau chaude pour les ramollir avant de les concasser et d'ajouter à cette purée un peu de beurre. Si tu ne disposes que de pistaches salées, mets également à tremper les cœurs pendant quelques minutes dans l'eau chaude pour les débarrasser de leur sel. Ceci est très important, tu t'en doutes. Ensuite, cuis la semoule à la vapeur, incorpores-y le beurre par petits morceaux jusqu'à ce que tous les grains se détachent et ajoute la poudre d'amandes, la purée de raisins, les cœurs de pistaches séchés dans le sucre, et enfin les épices préalablement pilées ensemble ainsi que le gingembre. N'oublie pas de mettre un peu de sel.

Il ne reste plus alors qu'à garnir le poulet avec la farce et à le recoudre pour éviter que celle-ci ne s'échappe.

Je te conseille de commencer à cuire le poulet sur le feu dans une sauteuse pouvant aller ensuite au four avec un peu d'huile et les légumes coupés en morceaux. Lorsque le poulet commence à prendre couleur, il faut ajouter le bouillon et laisser mijoter quelques minutes avant d'enfourner dans un four à 250°. Tu prendras soin de couvrir la sauteuse avec un papier d'alu pour que l'évaporation ne soit pas trop rapide. On peut préférer la cuisson à la broche qui ajoute aux parfums de la farce celui de la grillade, à condition néanmoins que le feu ne soit pas trop vif. En toute hypothèse, il faut compter une bonne heure de cuisson.

Juste avant de servir, je badigeonne le poulet avec un pinceau trempé dans du beurre fondu (et éventuellement du miel) et je remets quelques minutes au four très chaud pour faire dorer.

Sur le plat de service, je sers les morceaux de poulet entourés de la farce aux pistaches.

Pour 4 personnes

1 beau poulet de grain, 100 g semoule de couscous (grain moyen), 100 g amandes en poudre, 80 g raisins secs sans pépins, 125 g cœurs de pistaches, 100 g beurre, 50 g sucre en poudre, 1/2 cuillerée à café gingembre en poudre, 1 cuillerée à café épices moulues (noix muscade ou macis, grains de poivre, 4 grains cardamome, 4 clous de girofle, cannelle), 1 carotte, 1 poireau, 1 oignon, 1/2 l bouillon, 1 cuillerée à soupe miel (facultatif).

GLACE AUX AMANDES

Les douceurs et les pâtisseries font, dit-on, briller les yeux des dames. Les messieurs y sont sensibles eux aussi, plus qu'on ne le croit. J'apporte toujours le plus grand soin à leur préparation qui vient mettre un point d'orgue à un repas de fête. Pour Lune-des-Lunes, une glace servie dans des coupelles de métal argenté ajoutait encore une note de luxe à la soirée.

Je commence par faire bouillir le lait avec la gousse de vanille avant d'y verser la poudre d'amandes qui doit infuser longuement. Puis, il convient de filtrer si l'on souhaite ne retenir que le parfum de l'amande.

Par ailleurs, je mélange dans une terrine les jaunes d'œufs avec le sucre jusqu'à obtenir un ruban de couleur jaune paille, puis j'ajoute le lait et verse le mélange dans une casserole mise à feu doux. Prends soin de tourner sans cesse la crème jusqu'à ce qu'elle épaississe sans jamais bouillir. Au sortir du feu, j'ajoute la crème fraîche bien battue et quelques gouttes de kirsch naturel ou d'extrait d'amandes amères.

Pour glacer, tu peux utiliser les moyens traditionnels dont tu disposes.

Démoulée juste avant de servir, la glace peut être présentée dans une grande coupe en verre. Quelques amandes effilées disposées sur le dessus font comme une signature.

Pour 4 personnes

50 cl lait, 10 cl crème fraîche, 100 g poudre d'amandes, 30 g amandes effilées, 125 g sucre en poudre, 5 jaunes d'œufs, 1 gousse de vanille, 1 cl kirsch naturel ou 2 gouttes extrait d'amandes amères.

GLACE AU MIEL

Dans une même coupe, glace au miel et glace aux amandes harmonisent agréablement leurs parfums. Des figues fraîches légèrement caramélisées font une garniture savoureuse et riche de promesses pour l'heureux élu, ainsi que le poète aime à le chanter. Plaisir raffiné, luxe et délices des cœurs ! Mais pour l'heure, revenons à nos affaires.

J'adopte pour la glace au miel une préparation assez semblable à celle de la glace aux amandes. Après avoir fait bouillir le lait avec la vanille, je le verse sur les jaunes d'œufs bien battus et je remets sur le feu, doucement, pour cuire la crème sans la faire bouillir. J'incorpore le miel hors du feu en remuant bien pour que le mélange soit homogène. Lorsque la crème est un peu refroidie, j'ajoute la crème fraîche et les raisins hachés grossièrement et préalablement trempés dans le rhum chaud. Puis, je mets à glacer.

Les figues doivent seulement être lavées mais non pelées. Je les ouvre en forme de fleur à quatre pétales et je les dispose dans un plat en les saupoudrant de cassonade. J'enfourne à four chaud juste le temps nécessaire pour que le sucre caramélise. Je les sers tiède autour de la glace.

Pour 4 personnes

50 cl lait, 1 gousse de vanille, 5 jaunes d'œufs, 100 g miel d'acacia, 10 cl crème fraîche, 75 g raisins secs (sans pépins), 2 cuillerées à soupe rhum blanc, 4 figues fraîches, 3 cuillerées à soupe cassonade.

2

UN JOUR CALIFE, UN MOIS FOU

Abou'l Hasane, le marchand de Mossoul, n'avait pas grande attirance pour les dames. Aux plaisirs d'alcôve, il préférait ceux de la boisson que l'on consomme en joyeuse compagnie. Son ami le calife, toujours en quête de quelque divertissement hors de son palais, se rendait souvent chez lui en empruntant les vêtements de l'un de ses serviteurs. Au cours de l'un de ces après-midi de bavardage, alors que le calife s'efforçait en vain de convaincre une nouvelle fois Abou'l Hasane qu'il devait prendre épouse, l'idée lui vint d'une savante mise en scène qui pourrait vaincre les dernières réticences du marchand.

Il fit apporter à Abou'l Hasane de savoureuses pâtisseries accompagnées d'un vin capiteux spécialement préparé à son intention. Le marchand eut à peine le temps de terminer la première coupe que déjà il sombrait dans le plus profond sommeil. Tandis qu'il dormait, les serviteurs du calife le transportèrent jusqu'à son palais. Abou'l Hasane fut alors revêtu des habits du calife et se retrouva dans la grande salle du palais richement illuminée. Les bougies imprégnées de camphre répandaient dans toute la pièce un parfum exquis. Les favorites, les servantes et les esclaves du calife s'empressaient autour de lui et lui accordaient mille grâces comme s'il était lui-même le calife tandis que musiciennes et danseuses lui faisaient fête. Ramené le lendemain soir chez lui comme il était venu, Abou'l Hasane s'empressa de raconter à sa mère les merveilles qu'il venait de vivre alors qu'il était devenu le calife d'un jour. Celle-ci le crut fou et explosa d'une violente colère. Mais le calife, lui, s'amusait follement de voir la métamorphose de son ami et la confusion mentale que celle-ci créait chez lui. Il s'employa à renouveler l'expérience, tant et si bien que la mère d'Abou'l Hasane, considérant que son fils était bel et bien fou, décida de le faire enfermer.

Or, l'aventure au palais du calife avait produit l'effet escompté. Le marchand s'était laissé séduire par la beauté de la jeune Etoile-Matutinale, servante de l'épouse en titre du calife, au point qu'il ne cessait de réclamer sa présence à ses côtés dans l'établissement où il se trouvait enfermé.

Pendant ce temps-là, le calife qui avait pris enfin pitié de son ami songeait à quelque autre supercherie qui lui permettrait de mettre fin aux tourments dans lesquels Abou'l Hasane avait sombré par son bon vouloir*...

La conteuse interrompt son histoire et reste immobile, le regard tendu vers l'horizon du ciel où, insensiblement, perce une lueur blafarde. Comme si elle n'entendait pas les suppliques de la jeune Dounyazade avide de connaître la suite des aventures imaginées par le facétieux calife.

— O petite sœur très chère, reprend alors Schéhérazade, calme ton impatience et prête une oreille attentive à la suite de mon propos. Il te dévoilera le secret de quelques plaisirs de bouche qui sont au cœur des nuits de fête entre joyeux lurons.

VIN AUX ÉPICES

Cette préparation n'a certes pas toutes les propriétés narcotiques qui permirent au malheureux Abou'l Hasane d'être transporté dans un monde fabuleux au point d'en devenir fou. Néanmoins, c'est un vin qui fait chaud au cœur et apporte le rose aux joues. A l'ami qui frappe à ta porte en plein désarroi, tu l'offriras généreusement et son plaisir sera immédiat. Les soirs de fête à la belle saison, il donnera aux convives l'envie de prolonger la soirée en savourant les douceurs de la nuit embaumée de jasmin.

Contrairement à ce que tu peux croire, il convient de choisir un vin rouge de bonne qualité et un vin qui ait du corps. Je mets le vin à chauffer doucement, sans bouillir, avec le sucre, la gousse de vanille et toutes les épices préalablement broyées ensemble. Hors du feu, je laisse ensuite infuser longuement, pendant 1 heure au moins, avant de filtrer le mélange.

Ce vin est servi tiède ou à température ambiante, selon la saison. Quelques gouttes d'eau de rose ajoutées au moment de servir sont souvent appréciées.

1 bouteille de gigondas ou de bourgogne, 300 g sucre en poudre, 1 gousse de vanille, 8 cuillerées à soupe poudre de gingembre, 1 bâton de cannelle, 6 clous de girofle, 8 graines de cardamome, 1 cuillerée à soupe eau de rose (facultatif).

SOUFFLÉ GLACÉ AUX PÊCHES

Tu m'as souvent dit avoir un faible pour les pâtisseries aux fruits ! Celle que je te propose devrait te faire succomber à la gourmandise la plus incontrôlable, tant est fine la saveur des pêches ainsi accommodées. D'ailleurs, je parierais que notre fou de calife s'en faisait souvent préparer de cette façon pour agrémenter la soirée lorsqu'il tenait à honorer particulièrement l'une de ses favorites...

Je commence par faire un sirop avec le sucre et l'eau qui doivent bouillir pendant quelques secondes. Lorsque le sirop est tiède, j'en prélève 160 g auxquels j'incorpore au fouet les jaunes d'œufs battus en omelette et je bats le mélange dans un bol entouré de glaçons jusqu'à ce qu'il soit complètement refroidi. J'ajoute alors la crème très froide fouettée en Chantilly, la liqueur et 4 blancs d'œufs montés en neige.

Je verse le soufflé dans un plat en faïence ou en verre, puis je le mets au froid pendant au moins 3 heures.

Au moment de servir, je dispose sur le plat autour du soufflé les fruits coupés en quartiers et je les arrose avec le reste de sirop auquel on peut ajouter 1 ou 2 cuillerées à soupe de liqueur.

Pour 5/6 personnes

5 œufs, 175 g sucre en poudre, 12,5 cl eau, 300 g crème fleurette, 5 cl liqueur Grand Marnier, 5 pêches.

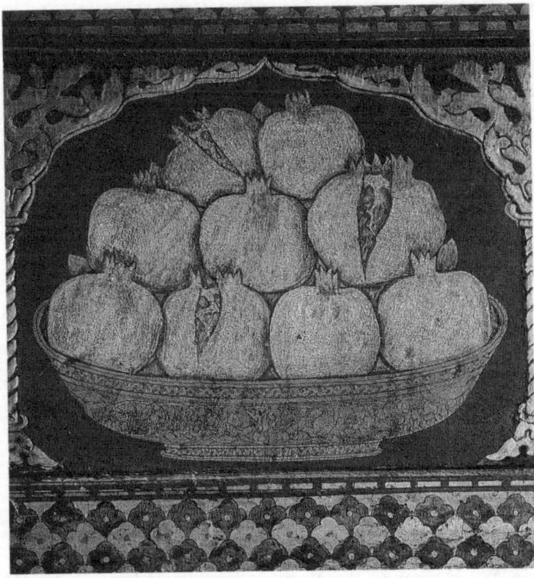

CROISSANTS AUX AMANDES

Ce sont de savoureux petits gâteaux qui ont fait les délices d'Abou'l Hasane avant qu'il ne sombre dans un profond sommeil. On les croque agréablement aussi bien en buvant le thé à la menthe qu'à l'heure où le vin doux est servi. Certains les nomment aussi cornes de gazelle, c'est tout dire !

Je prends une grande terrine dans laquelle je malaxe très rapidement la farine, additionnée d'une pincée de sel, avec le beurre ramolli coupé en morceaux. Pour rendre le mélange homogène, j'ajoute un peu d'eau très froide. La pâte doit devenir légèrement élastique. Je laisse ensuite reposer dans un lieu un peu chaud pendant au moins 1 heure.

Par ailleurs, j'ai préparé la farce qui servira à garnir les croissants. Elle est faite en mélangeant les amandes préalablement grillées et réduites en poudre avec le sucre, l'œuf entier, le beurre ramolli, la cannelle et une cuillerée à soupe d'eau de fleur d'oranger.

Pour confectionner les croissants, il convient d'étaler la pâte de sorte qu'elle ne soit ni trop fine ni trop épaisse et de découper alors de petits losanges. Dans le centre de chaque morceau de pâte, je dépose un petit bâtonnet de farce et j'enroule la pâte en lui donnant la forme d'un croissant. Quelques petits trous pratiqués dans la pâte à l'aide d'une aiguille permettent de parfumer les croissants avec l'eau de fleur d'oranger que l'on ajoute à plusieurs reprises pendant la cuisson. J'enfourne et laisse cuire près de 30 minutes dans un four à température moyenne.

Au sortir du four, je recouvre abondamment de sucre glace chaque croissant avant de laisser refroidir.

250 g farine, 200 g beurre, 150 g amandes, 100 g sucre cristallisé, 1 œuf, 50 g beurre, 2 pincées de cannelle, 2 à 3 cuillerées à soupe eau de fleur d'oranger, 50 g sucre glace.

TARTE AUX AMANDES ET AUX PIGNONS

Ce gâteau moelleux et parfumé qui n'emprunte à la tarte que la manière de la confectionner convient aux palais les plus délicats. J'aime le servir nature à l'heure du thé ou bien accompagné d'une salade de fruits frais ou d'un sorbet à la fin d'un repas entre joyeux convives. Ne prétends pas que la composition en est trop riche, goûtes-y plutôt sans écouter les propos des médicastres qui nous gouvernent, ô petite sœur très chère, toi qui sais combien plaisirs de bouche, agilité intellectuelle et bonheur de l'âme sont étroitement liés !

Pour préparer la pâte qui garnit le fond du moule, il convient de disposer d'un beurre à température ambiante et de le malaxer avec la farine, le sucre, la poudre d'amandes et les pignons réduits en poudre. L'œuf entier permet de rendre le mélange uniforme. L'ensemble de l'opération doit être mené promptement pour obtenir, à la cuisson, une pâte sablée. Je mets ensuite la pâte au frais pendant une trentaine de minutes afin qu'elle soit plus facile à étendre au rouleau. Puis, je garnis le moule à tarte d'une couche de pâte de 2 à 3 millimètres d'épaisseur.

Je remplis alors la tarte avec la crème aux œufs et aux amandes.

Celle-ci est faite en battant ensemble le beurre ramolli, le sucre et la poudre d'amandes. L'on ajoute ensuite au mélange les œufs entiers l'un après l'autre en continuant de battre pour que le mélange devienne très souple. Lorsque la crème est à point, je mets le kirsch (ou l'extrait d'amandes amères) et je verse la crème dans le moule à tarte. Je recouvre avec les pignons bien serrés les uns contre les autres et légèrement enfoncés dans la crème pour leur permettre de conserver une consistance moelleuse.

La cuisson se fait à four moyen pendant 25 minutes environ. Je te conseille de surveiller la cuisson pour éviter que les pignons ne prennent une teinte trop foncée. Au sortir du four, je démoule le gâteau et le mets à refroidir sur une grille.

Pour 4/6 personnes

200 g farine, 150 g beurre, 80 g sucre glace, 25 g poudre d'amandes, 20 g poudre de pignons, 1 œuf entier, 80 g pignons entiers.
Pour la crème : 100 g beurre, 90 g sucre glace, 100 g poudre d'amandes, 2 œufs entiers, 3 cuillerées à soupe kirsch (ou 2 gouttes extrait d'amandes amères).

3

SON NOM EST SÉDUCTION

A l'issue des funérailles du prévôt des marchands, tandis que l'on dressait des tentes près de la tombe pour le banquet rituel, Ghânim décida de regagner la ville sans plus attendre. S'étant perdu en chemin, il arriva trop tard devant la porte de la ville qu'il trouva close et fut contraint de passer la nuit à la belle étoile non loin du cimetière. Soudain, réveillé par un léger bruit de pas, il aperçut un étrange cortège de trois hommes portant une caisse sur les épaules. Ayant déposé celle-ci dans le cimetière, les hommes l'enterrèrent à demi. Dès qu'ils furent partis, Ghânim, imaginant que la caisse contenait quelque trésor, s'empressa de sortir de sa cachette pour aller déterrer la caisse. Il découvre alors, ô merveille, qu'elle contient le corps d'une jeune fille richement vêtue. Celle-ci paraît seulement endormie. Ghânim la réveille doucement et la jeune fille entreprend de lui raconter toute son histoire.

— Je suis la concubine préférée du sultan. Séduction est mon nom. Le sultan m'a toujours comblée d'honneurs et de cadeaux, ce qui suscita la plus grande jalousie de son épouse en titre, dame Zoubayda. Tant et si bien que celle-ci mit à profit un long voyage du sultan aux confins de son royaume pour se débarrasser de moi. Ainsi m'avez-vous sauvée d'une mort certaine ! ajouta la jeune fille avec un long sourire.

Emu par ce discours, Ghânim propose alors à Séduction de la ramener chez lui dans le plus grand secret et d'y demeurer tout le temps nécessaire pour échapper à la colère de dame Zoubayda. Quelques jours passèrent ainsi et les deux jeunes gens découvrirent qu'ils étaient violemment épris l'un de l'autre. Mais Ghânim, soucieux de ne pas attenter à l'honneur du sultan, déclara alors avec solennité :

— Ce qui appartient au maître, le serviteur ne peut y porter la main !

Jour après jour, le jeune homme veillait au confort de la belle concubine avec tous les égards dus à sa personne. Chaque soir, il faisait apporter un souper par le meilleur traiteur de la ville. Celui-ci avait reçu l'ordre de choisir les mets qu'il jugeait les plus dignes d'honorer un hôte de marque à l'exception toutefois de ceux qui recéleraient quelque vertu aphrodisiaque. Ghânim disposait alors sur la table sa plus belle vaisselle. Une coupe en cristal garnie de fleurs de jasmin et des chandeliers d'argent complétaient le décor. Il allumait les bougies imprégnées de camphre dont le parfum exquis se mêlait à celui du jasmin. Sur la desserte, aux côtés de plats garnis de fruits et de pâtisseries servis avec le vin à la fin du repas, des rince-doigts remplis d'eau parfumée à la fleur d'oranger soulignaient le raffinement de la table.

Fidèles au pacte qu'ils avaient passé, les deux jeunes gens vécurent ainsi comme frère et sœur pendant trente jours et trente nuits, heureux d'être ensemble et de partager les plaisirs de la bonne chère.

Pendant ce temps-là, dans son palais, dame Zoubayda, aidée par sa vieille mère qui avait toujours mille ruses en tête, mettait au point la manière dont elle allait présenter au sultan la mort de sa concubine préférée sans risquer d'éveiller en lui le moindre soupçon*…

La voix de la conteuse s'est tue un instant, comme si le souffle lui manquait pour aborder un nouvel épisode qui serait dramatique. Et puis, doucement, Schéhérazade murmure à l'oreille de Dounyazade quelques-uns des secrets que les femmes aiment à partager lorsqu'elles évoquent les plaisirs de table qui font le bonheur d'une soirée gourmande.

FOIES DE VOLAILLES EN TERRINE

Ils trouvent tout naturellement leur place en ouverture d'un repas lorsque celui-ci prétend au raffinement. J'y glisse un très léger parfum de vanille et d'alcool pour donner une discrète note sucrée propre à réjouir les palais délicats si l'on en juge par le plaisir qu'y prenait la célèbre concubine du sultan.

La préparation des foies exige plusieurs opérations successives qui leur donnent tout le moelleux nécessaire. Il convient d'abord de les faire dégorger dans l'eau froide pendant environ 30 minutes. Après les avoir bien essorés, je les hache finement et j'ajoute le gras de porc également haché, le porto, la pulpe de vanille, du sel et un peu de poivre. La cuisson se fait alors en terrine au bain-marie dans un four à chaleur moyenne. Il faut compter de 30 à 40 minutes, selon la qualité du four.

Lorsque les foies sont refroidis, je les réduis en purée après les avoir égouttés. Il ne reste plus alors qu'à ajouter la graisse d'oie fondue en mélangeant bien jusqu'à l'obtention d'une crème.

Dans une terrine très légèrement huilée, je mets la crème de foies en ajoutant quelques noisettes concassées grossièrement, et je mets au froid pendant au moins une nuit entière.

Une fois démoulée, la terrine peut être servie nappée de noisettes réduites en poudre, puis découpée en tranches accompagnées de pain grillé encore tiède. Une autre présentation plus raffinée encore consiste à garnir des cœurs d'artichauts avec la crème de foies de volailles ; l'alliance des deux saveurs légèrement sucrées fait merveille.

Pour 8/10 personnes

500 g foies de volailles, 500 g gras de porc (pris dans la gorge), 70 g graisse d'oie, 2 gousses de vanille, 12 cl porto, 50 g noisettes concassées (facultatif).

DAURADE AUX DATTES

Tu sais combien le poisson peut être un mets de choix lorsque la finesse de sa chair s'allie à des parfums propres à en relever la saveur. J'apprécie tout particulièrement la daurade rose dont les écailles nacrées brillent d'un bel éclat au sortir de l'eau. Il y a fort à parier que notre jeune couple s'en est lui-même régalé plus d'un soir !

Pour que le poisson s'imprègne plus complètement du parfum des herbes, je le place d'abord pendant quelques heures sur un lit composé de basilic, de persil et d'échalotes finement hachés et arrosés d'un peu d'huile d'olive et de poudre de coriandre délayée dans l'eau. N'oublie pas d'inciser la peau de la daurade en plusieurs endroits afin que le poisson s'imprègne du parfum des aromates !

Ensuite, je mets le tout sur le feu pendant quelques minutes et j'ajoute les dattes hachées et un peu d'eau. Encore quelques minutes de feu, et je mets au four à chaleur moyenne en prenant soin de couvrir. Un peu de sel et de poivre complètent l'assaisonnement. La cuisson totale exige de 30 à 40 minutes selon la grosseur du poisson.

Au moment de servir, la daurade délicieusement parfumée ne demande pas d'autre accompagnement que le mélange d'herbes et de dattes dans lequel elle a cuit ainsi qu'un filet de citron.

Pour 4 personnes

1 belle daurade rose, 3 cuillerées à soupe basilic, 1 bouquet de persil, 5 échalotes grises, 2 cuillerées à soupe coriandre en poudre, 2 cuillerées à soupe huile d'olive, 100 g dattes, 1 citron.

PIGEONS AU MIEL

Sur la table d'un souper fin comme ceux que notre héros s'ingéniait à composer pour rendre plus douce la captivité de sa belle amie, un pigeon enveloppé d'un parfum de miel et d'épices devait, à n'en pas douter, recevoir le meilleur accueil. J'en ai moi-même découvert les délices à la table du calife de Baumanière, table réputée s'il en est pour le raffinement de ses mets. Je ne résiste pas au plaisir de te confier ici le secret de sa préparation.

Tu choisiras, comme il convient, des pigeons juste sortis du nid dont la chair garde encore toute la saveur de l'innocence. La cuisson doit être menée promptement ; au total, 20 à 30 minutes suffisent si l'on veut que la chair reste légèrement rosée à l'intérieur. Dans un premier temps, tu disposeras les pigeons sans autre apprêt qu'un peu de sel dans un plat en terre très chaud et tu enfourneras dans un four préchauffé à son maximum pour que la viande soit aussitôt saisie. Cette première partie de la cuisson ne doit pas en principe durer plus de 10 minutes.

Par ailleurs, tu auras préparé le mélange d'épices et de miel. Il faut pour cela piler ensemble grains de poivre et de coriandre avant de les incorporer au miel. Dès leur sortie du four, tu verseras le miel aux épices sur les pigeons et tu remettras à four chaud.

A partir de ce moment-là, il est important de surveiller attentivement le plat. Dès que le miel commence à épaissir et avant qu'il ne caramélise, tu badigeonneras les pigeons avec le miel à l'aide d'un pinceau et tu remettras à four très chaud juste le temps nécessaire pour que le miel caramélise légèrement.

Avant de découper les pigeons dans le plat de service, tu ajouteras un peu de fond de pigeon ou, à défaut, du bouillon de poulet dans le plat de cuisson pour détendre la sauce, tu laisseras prendre à la sauce un petit bouillon pendant 2 ou 3 minutes et tu la passeras au chinois avant de servir.

J'aime accompagner les pigeons au miel d'une compote de pommes au safran. Dans une sauteuse, je mets un demi-verre d'eau chaude et le beurre avant d'y jeter les pommes coupées en quartiers et les filaments de safran. Je laisse mijoter quelques minutes jusqu'à ce que les pommes deviennent fondantes. Par ailleurs, je fais sauter les pignons dans une poêle à feu vif juste le temps nécessaire pour qu'ils prennent couleur. L'alliance des pignons croquants avec le moelleux de la pomme réserve un réel plaisir. Pour relever la saveur des pommes, j'ajoute encore quelques pincées de zestes de citron préalablement blanchis à l'eau bouillante et découpés en minuscules petits dés.

Dans le plat de service, aux côtés des morceaux de pigeons légèrement rosés et enveloppés d'un parfum d'épices, la couleur safranée des pommes ponctuée des notes dorées que font les pignons comble de bonheur les yeux des convives et porte la promesse d'une fête qui sera celle des cinq sens à la fois ; chacun sait bien qu'il ne pourra déguster pleinement un pigeon sans y mettre un peu les doigts…

Pour 4 personnes

4 pigeonneaux, 4 cuillerées à soupe miel d'acacia, $^{1}/_{3}$ cuillerée à soupe poivre blanc en grains, $^{3}/_{4}$ cuillerée à soupe grains de coriandre, 5 cl fond de pigeon (ou bouillon de poulet).
Pour la garniture : 4 pommes, 40 g beurre, $^{1}/_{2}$ verre d'eau, 6 ou 7 filaments de safran, 100 g pignons, $^{1}/_{2}$ cuillerée à café zestes de citron.

SOUPE D'ABRICOTS

J'ai une véritable prédilection pour ce fruit dont le ciel emplit généreusement les vergers dès que le soleil est au plus haut. Existe-t-il fruit plus sensuel qu'un bel abricot à la peau rose-orangé ? Sa forme parfaite, sa carnation veloutée et la douceur acidulée de sa chair, tout invite à le cueillir et à le savourer avec délices. Tu ne me diras pas le contraire, ô ma sœur, toi qui n'oublies jamais de glisser quelques abricots dans la corbeille de fruits frais et de fruits secs que tu aimes offrir au visiteur qui franchit le seuil de ta maison ! Lorsqu'on le chauffe légèrement, l'abricot ne perd rien de sa saveur, bien au contraire. J'accompagne alors les fruits d'une crème aux œufs et je les sers en forme d'entremets savoureux qui fait le bonheur des dames et de leurs compagnons.

Je commence par préparer le sirop avec l'eau et le sucre en portant à ébullition le mélange pendant quelques secondes et je laisse refroidir. Je monte alors les œufs avec le sirop sur un feu très doux en battant énergiquement jusqu'à ce que le mélange devienne mousseux et je retire aussitôt du feu. Quelques gouttes de liqueur d'abricot ajoutées hors du feu viennent corser agréablement le parfum.

Dans un plat en porcelaine pouvant aller au four, je dispose côte à côte les demi-abricots, puis je verse la crème aux œufs de telle sorte qu'elle ne recouvre pas entièrement les fruits et qu'elle laisse émerger la calotte des abricots.

Juste avant de servir, je saupoudre les abricots de cassonade et j'enfourne à four très chaud. 3 minutes sous le gril suffisent.

La soupe d'abricots trouve sa vraie saveur lorsqu'elle est servie tiède et non pas chaude.

Pour 4 personnes

500 g abricots, 5 œufs, 12,5 cl eau, 110 g sucre en poudre, 30 g cassonade, liqueur d'abricot (facultatif).

BÂQLÂWÂ

Je ne saurais trop te recommander ces feuilletés aux amandes délicieusement parfumés en accompagnement d'un entremets de fruits ! Comme la belle concubine du sultan, tes invités garderont un souvenir inoubliable de leur soirée, un souvenir prêt à resurgir dès que la brise du soir portera jusqu'à eux un parfum où se mêlent l'amande et la rose.

Je ne te cache pas que la préparation de la pâte feuilletée exige temps et attention pour qui souhaite la réaliser selon les règles de l'art. Il y faut au moins six tours de rouleau successifs ! C'est le prix à payer pour obtenir un feuilletage aussi léger que le disque d'une lunaire.

Lorsque la pâte est prête, je la découpe en fines bandes de 6 à 8 centimètres de large et je dépose en leur milieu un petit rouleau de farce. Puis, je replie la bande de pâte en deux en prenant soin de bien coller les deux bords ensemble. Pour cela, il convient de les humidifier légèrement à l'aide d'un pinceau. Il suffit alors de découper de petits gâteaux d'environ 4 centimètres.

La farce est faite avec les amandes mondées et la moitié des pistaches, grillées et concassées, le sucre et la cardamome que l'on pétrit ensemble en humidifiant avec un peu d'eau de rose pour obtenir un mélange compact.

L'un des modes de cuisson traditionnels est la friture dans de l'huile de sésame très chaude. Quelques minutes suffisent. Au sortir de la friture, je fais longuement égoutter les gâteaux sur du papier absorbant avant de les arroser d'un sirop à l'eau de rose. Je prépare celui-ci en faisant bouillir l'eau et le sucre pendant quelques minutes jusqu'à ce que le mélange épaississe un peu. Au sortir du feu, j'ajoute l'eau de rose. Je saupoudre ensuite les gâteaux avec les pistaches réduites en poudre.

Personnellement, je préfère cuire les gâteaux au four pendant 20 à 25 minutes à chaleur douce avant de les arroser de sirop à l'eau de rose. L'on obtient ainsi une pâtisserie plus légère et tout aussi savoureuse.

Pour 20/25 gâteaux

150 g farine, 150 g beurre, 1 dl eau, 100 g amandes, 75 g pistaches non salées, 100 g sucre cristallisé, 5 cl eau de rose, 1 cuillerée à café cardamome en poudre, huile de sésame (facultatif).
Pour le sirop : 4 cuillerées à soupe eau, 75 g sucre, 3 cuillerées à soupe eau de rose.

4

LA DEMEURE DE L'HOMME-AU-GRAIN-DE-BEAUTÉ

Un jeune homme d'une beauté parfaite comme la lune en son plein avait hérité à la mort de son père d'un fonds de marchandises composé de riches étoffes qu'il décida d'aller vendre en Egypte. Arrivé au Caire, il s'installa au caravansérail de Masrour et, de là, chaque jour il se rendait dans la cour de la halle aux draps pour y traiter ses affaires. Un matin, alors qu'il bavardait agréablement avec un boutiquier de ses clients, une femme richement vêtue se présenta pour acheter un coupon d'étoffe. Troublé par le charme sensuel qui se dégageait de toute sa personne, le jeune homme ne tarda pas à faire comprendre à la dame combien grande était son envie de dormir à ses côtés. A son tour, celle-ci lui fit bientôt savoir par l'une de ses servantes qu'elle souhaitait le recevoir chez elle s'il acceptait de se rendre à la porte sud de la ville où se trouvait la demeure de son père, Abou Châma, "l'homme-au-grain-de-beauté".

C'était une demeure somptueuse dont les nombreuses fenêtres ouvraient sur un jardin clos embaumé de fleurs et de fruits de toutes sortes. En son milieu, une fontaine garnie de sept jets d'eau faisait entendre une petite musique rafraîchissante. Un dîner composé des mets les plus appréciés de la ville y avait été disposé sur des tables basses. A proximité, un datura au parfum délicieusement sucré laissait pendre ses longues corolles rose-thé près de la desserte où étaient réservés pour l'après-dîner des pâtisseries, des tranches d'oranges pelées à vif parsemées de morceaux de gingembre confit et des carafons de vin, ainsi qu'une aiguière remplie d'eau de rose musquée pour les ablutions à la fin du repas.

Les jeunes gens mangèrent et burent longuement dans la douceur de la nuit parfumée, puis dormirent ensemble jusqu'au lendemain matin.

Avant de prendre congé, le jeune homme glissa sous l'oreiller un mouchoir de soie contenant cinquante pièces d'or et promit de revenir le soir à l'heure du dîner. Il en fut ainsi, soir après soir, jusqu'au jour où le jeune homme découvrit qu'il avait dépensé de la sorte toute sa modeste fortune. Désireux de ne pas perdre les faveurs de sa belle, il s'en alla par les rues du marché en quête de quelque bonne affaire. Mais au lieu de cela, il se laissa aller à dérober la bourse d'un officier. Presque aussitôt découvert, il fut jugé sur-le-champ par le gouverneur de la ville et dut, malgré les suppliques de ses amis, subir les rigueurs de la loi. On lui coupa le poignet droit. Errant à travers les ruelles, le jeune homme ne savait où aller pour cacher sa misère et sa honte.

Pendant ce temps-là, dans la demeure de l'homme-au-grain-de-beauté, la belle dame ne comprenait pas pourquoi son ami l'avait aussi soudainement abandonnée. Elle décida de retourner à la halle aux draps dans l'espoir d'y recueillir quelques nouvelles*...

Apercevant alors les premières lueurs de l'aube qui insensiblement dessinent la ligne d'horizon, la conteuse s'interrompt et refuse de poursuivre le récit de cette triste histoire. Dounyazade, la fidèle complice, a vu, elle aussi, le ciel lentement bleuir. Elle sait maintenant que l'heure est venue où la belle Schéhérazade aime à lui raconter, à elle, rien qu'à elle, ces manières dont elle a aussi le secret pour initier ses convives aux délices de la gourmandise.

PURÉE D'AUBERGINES

Au soir d'une journée écrasée de chaleur, je ne connais pas de mets dont la fraîcheur et la légèreté soient plus appréciées en ouverture d'un dîner. La saveur de l'aubergine combinée à celle de la purée de sésame excite l'appétit des convives et les incite à goûter plus complètement aux plaisirs de table que leur hôtesse leur réserve. Et d'ailleurs, ces petites graines de sésame que nous prisons tant n'ont-elles pas une vertu quasi magique qui leur permet d'ouvrir l'appétit certes, mais aussi la porte de bien d'autres paradis ?

Je te recommande comme toujours de choisir des aubergines parfaitement mûres dont la robe brille d'un bel éclat. Une fois lavées et piquées de quelques trous avec la pointe d'un couteau, tu les grilleras sur la braise ou, à défaut, tu les mettras au four le temps nécessaire pour qu'elles deviennent complètement molles. Tu les débarrasseras alors de leur peau et tu les réduiras en purée très fine. Puis, tu assaisonneras en incorporant aux aubergines la purée de sésame, le jus de citron, l'ail écrasé, l'huile, du sel et du poivre.

Je sers très frais en disposant la purée sur une couronne de feuilles de salade et de demi-rondelles de tomates qui font une belle harmonie de couleurs.

Pour 4/6 personnes

5 aubergines, 3 cuillerées à soupe purée de sésame (tahina), 2 cuillerées à soupe huile d'olive, 1 citron, 1 gousse d'ail, sel et poivre.

BROCHETTES DE POISSON

Dans l'ordonnancement d'un repas qui prétend à un certain éclat digne d'éblouir le visiteur d'un soir comme aimait à le faire l'hôtesse de la demeure de l'homme-au-grain-de-beauté, cette manière de servir un poisson grillé paraît tout à fait appropriée. La saveur du poisson soulignée par le parfum de la marinade est parfaitement conservée et trouve dans la cuisson sur la braise un moyen de s'exprimer qui est à sa mesure. La qualité du poisson choisi est essentielle, ai-je besoin de le souligner ?

La marinade joue un rôle important, mais le poisson ne doit pas y rester plus de 2 ou 3 heures sinon sa chair risquerait de devenir trop molle pour la grillade. Je mélange donc dans un plat creux l'huile, le persil et l'oignon hachés, l'ail écrasé, les épices et le sel. J'ajoute le poisson coupé en cubes qui ne doivent pas être trop petits. Il faut pour cela choisir du poisson débité en tranches épaisses et non des filets.

Au sortir de la marinade, j'essuie bien les morceaux de poisson et je les laisse sécher à l'air libre avant de les enfiler sur les brochettes. La cuisson des brochettes sur une braise rougeoyante ou sous un gril très chaud ne demande que quelques instants de chaque côté. Le poisson une fois bien saisi doit rester moelleux à l'intérieur.

Sur le plat de service préalablement chauffé, je dispose les brochettes avec un accompagnement de riz aux pignons et des quartiers de citron.

Pour 4 personnes

3 belles tranches de colin (ou cabillaud), 2 citrons.
Pour la marinade : $1/2$ verre huile d'olive, $1/2$ oignon, 2 gousses d'ail, 2 cuillerées à soupe persil haché, $1/2$ cuillerée à café coriandre en poudre, 5 ou 6 filaments de safran, 1 pointe de poivre de Cayenne, sel.

POULET AUX ÉPICES

La belle dame aux petites vertus connaissait mieux que quiconque le répertoire des épices et l'art subtil de les mélanger... Tu t'en serais doutée, ô toi ma sœur toujours habile à détecter la malice des femmes ! Le poulet qu'elle réservait à ses soupers galants avait une saveur inégalée, disait-on avec cet art consommé de l'euphémisme que l'on cultive dans les beaux quartiers de la ville. Veux-tu que je t'en livre le secret ? Il m'a été révélé par un voyageur infatigable que ses pérégrinations ont conduit jusqu'aux confins du royaume du côté de l'Indus.

Cette manière d'apprêter le poulet tire en réalité toute son originalité de la marinade dans laquelle les morceaux de viande doivent séjourner pendant près de 24 heures. Pour préparer la marinade, il convient tout d'abord de broyer finement les épices telles que le poivre et les clous de girofle. Les autres épices sont généralement disponibles en poudre (cardamome, noix muscade ou macis, cannelle, cumin, piment de Cayenne). On mélange ensuite toutes les épices avec le yaourt, l'oignon émincé, l'ail écrasé et le gingembre râpé.

Avant d'être mis dans la marinade, les morceaux de poulet doivent être débarrassés de leur peau. Puis, on pratique dans les parties charnues une ou deux entailles suffisamment profondes pour permettre à la marinade de bien imprégner la chair du poulet. On sale et on arrose de citron.

Au moment de la cuisson, les morceaux de poulet sont sortis de la marinade et soigneusement essuyés, puis disposés côte à côte sur la grille du four. Le four doit avoir été préchauffé à forte température. La cuisson exige alors 20 à 25 minutes seulement. La viande, une fois bien saisie, doit cuire à température plus douce pour ne pas se dessécher.

Des quartiers de citron disposés autour du poulet sur le plat de service complètent agréablement l'assaisonnement.

Pour 4 personnes

1 poulet, 4 yaourts, 1/2 oignon, 1 gousse d'ail, 1 cuillerée à soupe cardamome, 1 cuillerée à café cannelle, 1 cuillerée à café cumin, 8 clous de girofle, 12 grains de poivre noir, 1 pointe de poivre de Cayenne, 1/4 noix muscade (ou macis), 2 citrons, sel.

ARTICHAUTS CONFITS A L'ORANGE

Pour faire bonne mesure et donner à un souper galant toutes les vertus que l'on en attend, notre belle dame aimait à accompagner le poulet aux épices d'un confit d'artichauts. Tu sais combien cette sorte de chardon que l'on sait aujourd'hui parfaitement cultiver est un mets apprécié à la table du sultan ; celui-ci prétend y puiser une vigueur toujours renouvelée. Comment oserais-je l'en dissuader, même si je demeure persuadée que son secret réside ailleurs ?

Dans un premier temps, pour débarrasser les artichauts de leurs feuilles, il convient de couper la moitié supérieure de l'artichaut puis, à l'aide d'un couteau très tranchant, de découper les parties dures des feuilles en tournant autour de l'artichaut depuis la queue jusqu'à la partie supérieure. On enlève alors le foin en prenant soin de ne pas abîmer le cœur. Ne néglige sous aucun prétexte de frotter, au fur et à mesure, chaque fond d'artichaut avec un morceau de citron et de le plonger aussitôt dans de l'eau froide citronnée afin de lui conserver une belle couleur claire.

Je choisis alors une cocotte à fond épais dans laquelle je mets l'huile, l'oignon émincé et les fonds d'artichauts bien essuyés et coupés en quartiers. Je fais revenir ensemble oignon et artichauts sans laisser prendre couleur. J'ajoute l'ail écrasé, les rondelles d'orange et les citrons confits coupés en quatre, les épices, le sel et les morceaux de sucre, et pour terminer le vin blanc. Les artichauts doivent cuire tout doucement le plus longtemps possible jusqu'à devenir fondants. Une heure me paraît un minimum. En cours de cuisson, je veille à ajouter, si besoin est, un peu de bouillon afin que la chair de l'artichaut reste moelleuse.

Au moment de servir, je te conseille de vérifier comme toujours l'assaisonnement. Tu peux éventuellement, si tu juges le parfum de l'orange trop ténu, ajouter le jus d'une orange pressée. Sur le plat de service, j'aime présenter autour des artichauts de fines tranches d'oranges pelées à vif et découpées en quartiers.

Pour 4 personnes

8 beaux artichauts, 1 petit oignon, 2 citrons confits, 1 orange, plus 3 tranches, 2 gousses d'ail, 5 à 6 filaments de safran, 3 morceaux de sucre, sel et poivre, 2 cuillerées à soupe huile d'olive, 5 à 10 cl vin blanc doux,10 cl bouillon de poulet, 1 jus d'orange (facultatif).

BOULGHOUR AUX OIGNONS

Cette céréale qui n'est autre que du blé concassé mérite parfaitement, en raison même de sa finesse, d'accompagner un poulet aux épices. Et la saveur douce que donne l'oignon mis en quantité s'harmonise agréablement avec celle des épices.

Je choisis pour la cuisson qui se fait à petit feu une casserole assez épaisse ou, mieux encore, une cocotte. Après avoir pelé et émincé l'oignon, je le mets à mijoter doucement dans l'huile jusqu'à ce qu'il blondisse légèrement. Il doit rester transparent. Puis j'ajoute le boulghour qui doit à son tour mijoter quelques minutes sans griller. Je verse alors l'eau additionnée de sel et d'une feuille de laurier et je couvre. Lorsque tout le liquide a été absorbé, le boulghour est prêt à servir. Il faut compter pour cela 15 à 20 minutes.

Pour 4 personnes

2 verres de boulghour moyen, 4 verres d'eau, 1 gros oignon, 2 cuillerées à soupe huile (ou 50 g beurre), 1 feuille laurier, sel.

SABLÉS AUX ARACHIDES

Lorsque vient l'heure de servir les boissons, je peux te conseiller ces petits gâteaux que notre belle dame réservait à ses amants. Ni sucrés ni véritablement salés, ils se laissent croquer agréablement. La saveur du poivre en arrière-goût s'harmonise parfaitement avec celle de l'arachide et ajoute ce qu'il faut de piquant au plaisir de la boisson. Pour réjouir le cœur de ses hôtes, il convient de ne négliger aucun artifice, tu le sais bien, ô toi ma sœur très chère !

Je prépare la pâte plusieurs heures à l'avance pour lui laisser le temps de lever à température ambiante. Il suffit de mélanger la farine, le sel, le poivre, le beurre ramolli, l'huile, l'œuf entier et la levure préalablement dissoute dans un peu d'eau pour obtenir une pâte homogène. Celle-ci doit néanmoins rester suffisamment souple.

Au moment d'enfourner, je fais griller légèrement les arachides dans une poêle avec un peu d'huile. Je forme alors de petits anneaux de pâte que je farcis avec quelques graines d'arachide et je les dispose sur une plaque préalablement huilée. Je mets à four chaud et je fais cuire à température moyenne pendant une vingtaine de minutes.

Au sortir du four, les sablés croustillants et d'une belle couleur dorée peuvent être mis à refroidir sur du papier absorbant avant d'être servis accompagnés d'un vin parfumé aux fruits.

Pour 20 gâteaux

200 g farine, 120 g beurre, 1 cuillerée à soupe huile d'olive, 1 cuillerée à café sel, $^1/_4$ cuillerée à café poivre de la Jamaïque, 1 œuf, $^1/_2$ cuillerée à café levure chimique, 100 g arachides.

5

UNE DOUBLE MALÉDICTION

A la mort de leurs parents, trois sœurs reçurent chacune leur part d'héritage et s'en furent mener la vie qu'elles s'étaient choisie. L'aînée des trois fit fructifier les pièces d'or reçues en partage tant et si bien qu'en quelques années elle connut l'aisance et le bien-être. En revanche, les deux autres s'empressèrent de prendre époux et, chacune à son tour, furent bientôt abandonnées misérablement dans quelque lointaine contrée. L'une après l'autre, elles s'en vinrent chercher refuge auprès de l'aînée qui les accueillit avec chaleur, les nourrit et les installa dans sa maison. Mais elles ne supportèrent pas longtemps d'être ainsi privées d'homme. Et, malgré les mises en garde de leur sœur, elles prirent à nouveau chacune un époux. A nouveau, l'échec fut cuisant ! Revenues chez l'aînée, elles jurèrent alors qu'on ne les y reprendrait plus jamais.

Or il advint, tandis que les trois sœurs voguaient vers un lointain pays avec lequel elles faisaient commerce, que le navire perdit sa route et vint accoster dans un port inconnu. Dès qu'elle eut mis pied à terre, l'aînée des sœurs découvrit avec stupéfaction qu'il s'agissait d'une ville morte. Tous les habitants étaient statufiés comme par l'effet d'une malédiction. Poursuivant ses investigations, la dame parvint ainsi jusqu'au palais du roi. Elle explora pièce après pièce jusqu'au moment où elle perçut une voix psalmodiant des paroles sacrées. Cette voix était celle d'un beau jeune homme installé sur un tapis de prière, un livre saint dans les mains. Il raconta à la jeune femme comment tous les habitants de la ville avaient été transformés en pierres pour avoir refusé de renoncer au culte du feu, tandis que lui, instruit en secret de la parole sainte, avait échappé à la malédiction. Peu à peu, la jeune femme parvint à le convaincre de ne pas rester seul et de la suivre jusqu'au navire. Le navire reprit sa route et, bientôt, les jeunes gens tombés amoureux l'un de l'autre décidèrent de se marier.

Une irrépressible jalousie s'empara alors des deux sœurs cadettes. Une nuit, pendant qu'ils dormaient, elles s'emparèrent des jeunes époux et les précipitèrent à la mer. Le jeune homme périt noyé alors que la jeune femme échappait au péril et vint s'échouer sur la berge d'un estuaire. Elle aperçut alors un énorme serpent qui se dirigeait sur elle et, presque aussitôt, un second serpent qui fondit sur le premier et se mit à le mordre si cruellement que des larmes coulaient de ses yeux. Emue par son infortune, la jeune femme s'employa à tuer l'attaquant. L'autre, aussitôt libéré, déploya deux immenses ailes blanches avant de disparaître dans le ciel. Epuisée par tant d'émotions, la jeune femme s'endormit sur la berge. A son réveil, elle découvrit tout près d'elle une grande corbeille garnie de plats de nourritures rafraîchissantes toutes plus savoureuses les unes que les autres. Une femme noire d'aspect inconnu s'avança alors et lui dit :

— C'est moi le serpent-djinn à qui tu viens de sauver la vie. Je souhaiterais te remercier d'un si grand bienfait, et si tu le veux bien, je peux te prendre sur mes ailes pour te ramener jusqu'à ta demeure. Tu y trouveras ta précieuse cargaison de marchandises ainsi que tes deux sœurs. Je connais toute leur histoire et le mal qu'elles t'ont fait. Aussi ont-elles été à leur tour frappées de malédiction. Elles ont désormais l'apparence de deux chiennes noires*...

Dounyazade, en petite sœur attentive, venait d'apercevoir les premières lueurs de l'aube poindre à l'horizon. Une fois encore, la belle conteuse accepterait peut-être de lui dévoiler, secrètement, quelques-unes des recettes qu'elle avait imaginées pour composer une savoureuse corbeille de pique-nique à l'intention de la belle dame endormie sur la berge du fleuve. Alors, toute à sa joie secrète, Dounyazade tend l'oreille...

AUBERGINES EN SALADE

Aux jours les plus chauds de l'année, tu aimes, j'en suis certaine, ô toi ma sœur dont la table est toujours prête à accueillir le voyageur fatigué, offrir quelque nourriture rafraîchissante et parfumée propre à ouvrir l'appétit. La manière d'accommoder les aubergines en salade que je te propose convient alors parfaitement. Et qui plus est, tu pourras toujours conserver au frais les aubergines ainsi préparées pour le jour où tu découvrirais sur la berge du fleuve une belle endormie...

Je plonge dans l'eau bouillante les aubergines non pelées dont j'ai ôté seulement le pédoncule et je laisse cuire de 5 à 10 minutes, le temps nécessaire pour que la chair devienne légèrement molle. Ensuite, je mets à refroidir en aplatissant les aubergines à l'aide d'un poids de telle sorte qu'elles perdent le plus possible d'eau.

Lorsqu'elles sont complètement froides, j'entaille chaque aubergine dans le sens de la longueur pour y introduire une rondelle d'ail et je les empile dans un bocal, en tassant bien. Puis, je couvre avec le mélange d'eau, de sel, et de vinaigre qui aura préalablement bouilli pendant quelques minutes. Avant de fermer le bocal, j'ajoute quelques grains de poivre parfumé et une cuillerée d'huile d'olive. On peut aussi prévoir des graines de fenouil.

Le bocal doit séjourner au frais pendant une bonne dizaine de jours. Au moment de servir, je retire les rondelles d'ail, je prélève un petit peu de pulpe d'aubergine que je mélange avec des cerneaux de noix concassés et je remets cette farce à l'intérieur de l'aubergine.

Présentées sur un lit de feuilles de salade verte, les aubergines de couleur presque noire appellent une petite note de couleur vive comme celle que font des radis rouges ou de petits bouquets de chou-fleur cru bien blanc.

Pour 4/6 personnes

5 aubergines, 2 gousses d'ail, 15 cl vinaigre d'alcool, 50 cl eau, 2 cuillerées à café sel, 20 grains de poivre parfumé, 125 g cerneaux de noix, $^1/_2$ cuillerée à café grains de fenouil (facultatif).

PURÉE DE POIS CHICHES AU SÉSAME

Tu connais bien sûr ce grand classique que l'on appelle plus couramment houmous. Il n'est point besoin d'être fin cuisinier pour le réaliser. Je dirais même que ce plat a le grand mérite de pouvoir être préparé en quelques minutes pour accueillir des convives inattendus.

Inutile, aujourd'hui où nous disposons d'excellentes conserves, de se lancer dans la cuisson des pois chiches qui s'avère longue et coûteuse. Au sortir de la conserve, il faut prendre soin de bien égoutter les pois chiches et de les laver abondamment à l'eau froide. Ensuite, je les réduis en purée très fine en ajoutant un peu d'eau froide si nécessaire, j'incorpore l'ail écrasé, le jus de citron, l'huile, la purée de sésame, sel et poivre, et je mets au frais. C'est tout.

Au moment de servir, on peut saupoudrer le plat de persil haché ou de paprika, mais ce n'est pas indispensable sinon pour ajouter une note de couleur toujours plaisante à l'œil.

Pour 4/6 personnes

500 g pois chiches, 2 citrons, 1 gousse d'ail, 2 cuillerées à soupe huile d'olive, 4 cuillerées à soupe purée de sésame (tahina), sel et poivre, 1 cuillerée à soupe persil haché (facultatif), paprika (facultatif).

TABBOULÉ OU TABBOÛLA

Connu de nos jours et apprécié sous toutes les latitudes pour ses qualités de fraîcheur et son parfum à la menthe, ce plat mérite d'être mentionné seulement pour mémoire. Je ne te cache pas que mes préférences vont au vrai tabboulé à base de boulghour. Celui-ci me paraît plus savoureux. En revanche, je prends quelque distance avec la tradition en ajoutant des raisins secs. La petite note sucrée qu'ils apportent ne manque pas de raffinement...

Je mets la graine à tremper dans l'eau froide pendant 1 heure environ afin de lui permettre de gonfler. J'égoutte bien toute l'eau et j'ajoute alors les tomates, pelées, épépinées et coupées en petits quartiers, l'oignon haché assez fin, le concombre préalablement mis à dégorger au sel et coupé en demi-rondelles très fines, le persil et la menthe hachés, le jus de citron, l'huile, les raisins préalablement trempés à l'eau froide et hachés grossièrement, sel et poivre. Je mets au frais pendant au moins 2 heures avant de servir.

Pour 4/6 personnes

500 g boulghour fin, 2 oignons, 3 citrons, 500 g tomates fraîches, 1 concombre, 100 g raisins secs, 4 cuillerées à soupe huile d'olive, 4 cuillerées à soupe menthe hachée, 1 gros bouquet de persil, sel et poivre.

Je ne résiste jamais à l'envie de ponctuer un assortiment de terrines de légumes et de poisson aux saveurs rafraîchissantes de la note rosée que fait une petite terrine de tarama. Un léger parfum de fumé et la saveur acidulée du citron qui accompagne les œufs de poisson flattent si agréablement le goût que les estomacs se dénouent et les esprits chagrins se dissipent comme par enchantement ! Certains prétendront avec quelque suffisance que c'est là un caviar de pauvres. Voire ! Sais-tu en effet, ô toi ma sœur toujours friande d'histoires aussi bien culinaires que romanesques, que de l'autre côté de la Méditerranée, les pêcheurs de la côte occidentale de Provence préparent eux aussi les œufs de mulet de cette manière en remplaçant quelquefois l'huile par le beurre, ce qui me paraît moins opportun à tous égards ? Cela m'a été raconté par un jeune prince de la cour qui aime à fréquenter les tables de cette région lorsque ses affaires de commerce le conduisent à Marseille. Alors, juge par toi-même.

Je me garderai bien de t'expliquer toute l'opération qui préside à la conservation des œufs de poisson. Rassure-toi ! La préparation que je te propose peut se faire à partir d'œufs de poisson fumés que l'on trouve de nos jours tout prêts dans le commerce.

Traditionnellement, on utilise des œufs de mulet (ou muge). C'est la poutargue des Provençaux. En réalité, les œufs de cabillaud sont plus faciles à trouver dans le commerce.

Il convient donc de débarrasser la poche d'œufs de poisson de la mince pellicule qui retient généralement les œufs en une masse compacte. A partir de là, l'opération consiste à bien malaxer les myriades d'œufs ainsi libérés avec l'huile, le citron et le yaourt, pour en faire une purée légère et parfumée. J'ajoute un peu de sel et, pour souligner la couleur rose de la purée, je saupoudre le dessus de la terrine d'un peu de paprika.

Pour 4/6 personnes

150 g œufs de cabillaud (ou poutargue), 1 cuillerée à soupe yaourt, 5 cl huile d'olive, $^1/_2$ citron, sel et paprika.

ESCABÈCHE DE MERLUCHONS

Je te recommande également cette manière d'apprêter de petits poissons tels que merluchons ou jeunes maquereaux (lisettes), ou encore sardines. La saveur douce-amère de la préparation donne à ces modestes poissons tout à la fois parfum et légèreté qui les font apprécier au cours d'un repas-fraîcheur. Le serpent-djinn savait que la jeune femme à son réveil prendrait grand plaisir à picorer quelques-uns de ces petits poissons en retrouvant peu à peu ses esprits.

Je cuis les poissons à la vapeur 1 ou 2 minutes, juste le temps nécessaire pour que leur chair devienne raide, et je les range dans une terrine. Lorsque les poissons ne sont pas suffisamment petits, je ne garde que les filets.

Par ailleurs, je mets dans une casserole les carottes et l'oignon finement émincés ainsi que l'ail écrasé, je couvre d'eau et je mets à cuire à feu vif pendant 5 à 7 minutes. J'ajoute alors le vinaigre, le sel et les épices et, si besoin est, l'eau nécessaire pour couvrir. Il faut compter environ 10 minutes de cuisson. Je retire du feu et laisse refroidir quelques instants avant de verser le mélange sur les poissons. Je mets au frais pendant au moins 3 heures avant de servir. Cette terrine se conserve parfaitement pendant trois ou quatre jours.

J'aime servir en accompagnement des fruits ou des légumes à l'aigre-doux, tels que mangue, figue, avocat ou artichaut.

Pour 4 personnes

8 petits poissons, 2 carottes, 1 gros oignon, 2 gousses d'ail, 20 grains de poivre, 1 clou de girofle, 1 pointe de poivre de Cayenne, 1 pointe de safran, 10 cl vinaigre d'alcool, sel.

FIGUES A L'AIGRE-DOUX

Pratiquement tous les fruits et les légumes peuvent s'accommoder à l'aigre-doux et servir ainsi de garniture à de nombreux mets. L'imagination peut ici se donner libre cours pour ponctuer d'une petite note douce-amère une entrée, une viande ou un poisson. La mangue est élégante, la cerise plus piquante, la figue raffinée. Je te laisse découvrir les autres fruits et légumes qui peuvent être gardés ainsi en conserve au rythme des saisons où ils viennent à maturité.

La préparation est la même dans tous les cas. Seul le temps de cuisson diffère d'un produit à l'autre.

Je mets donc dans une casserole sur le feu l'eau, le sucre et le vinaigre. Lorsque le liquide commence à frémir, j'y plonge les figues entières et non pelées. Je laisse frémir doucement pendant une quinzaine de minutes, puis j'égoutte les fruits.

Je les dispose alors dans un bocal que j'ai pris soin d'ébouillanter et de sécher complètement, j'ajoute une partie du liquide de cuisson de telle sorte que les fruits soient entièrement recouverts et je ferme hermétiquement. Les fruits peuvent ainsi se conserver très longtemps. Pour les consommer, il est préférable d'attendre au moins deux bonnes semaines après leur mise en conserve.

Dans une salade ou encore en accompagnement d'un foie poêlé, les figues à l'aigre-doux ajoutent une note particulièrement raffinée.

1 kg figues grises, 1 l eau, 300 g sucre, $1/4$ l vinaigre blanc.

6

FILS DE PERSONNE

La mère du jeune Adjîb, Dame-de-Beauté, n'avait jamais raconté à son fils l'étrange aventure qu'avait été son mariage. Elle préférait lui faire croire que son père était le vizir du sultan d'Egypte alors que celui-ci n'était en réalité que son grand-père. Elle lui avait toujours caché comment, au cours de la nuit de noces, les djinns avaient écarté l'infâme bossu que le sultan prétendait lui faire prendre pour époux et lui avaient substitué un certain Hasane, vizir d'al-Basra, dont la beauté aurait fait pâlir la lune et le soleil. Dame-de-Beauté n'avait, hélas, plus jamais eu aucunes nouvelles du beau vizir depuis qu'il avait dû s'enfuir au petit matin, une fois découverte la supercherie inventée par les djinns.

Mais un beau jour, l'enfant rentra en larmes de l'école. Ses camarades de jeu venaient de lui dévoiler qu'il était né de père inconnu ! Dame-de-Beauté pleura à son tour devant le chagrin de l'enfant et sur sa propre infortune. Elle se décida alors à convaincre son père qu'il convenait de partir en grand secret visiter les contrées lointaines pour tenter d'y retrouver le père du jeune Adjîb.

Pendant ce temps-là, Hasane, exilé loin de sa mère et de son pays, avait après bien des malheurs trouvé refuge dans la ville de Damas où il faisait profession de restaurateur. Un matin, alors qu'il s'activait à ses fourneaux, il vit s'arrêter devant la boutique le jeune Adjîb accompagné d'un domestique. Fasciné par la beauté du garçon, il ne pouvait détacher son regard de l'enfant et se mit à tressaillir au plus profond de lui-même comme si le sang parlait au sang. Il invita le jeune Adjîb à entrer dans la boutique pour y goûter les mets qu'il avait préparés. Il présenta aux voyageurs un grand plateau garni de toutes sortes de confiseries aux fruits secs parmi lesquelles figurait une merveilleuse confiture de graines de grenade dont il avait le secret. Devant l'émotion qu'il percevait chez le restaurateur, l'enfant l'invita à son tour à s'asseoir avec lui et à lui conter ses malheurs. Puis, les deux invités quittèrent la boutique. Hasane était alors si désemparé que, sans penser à rien, il se mit instinctivement à suivre celui qui était son fils. Mais il fut bientôt chassé à coups de pierres par le domestique qui veillait sur le jeune Adjîb ; il dut faire demi-tour.

Le vizir et son équipage quittèrent Damas et poursuivirent leurs recherches en visitant encore de nombreux pays. Ils parvinrent ainsi dans la ville d'al-Basra où ils ne tardèrent pas à découvrir la mère de Hasane. Elle les accueillit chaleureusement en pleurant sur le sort de son fils qu'elle croyait mort. Les voyageurs décidèrent alors de la ramener avec eux et, sur le chemin du retour, firent à nouveau halte à Damas. Le jeune Adjîb voulait retourner à la boutique du restaurateur pour prendre de ses nouvelles depuis qu'ils l'avaient si méchamment chassé. A nouveau Hasane les invita à déguster ses délicieuses confiseries accompagnées de sorbet au citron et de sirop à l'eau de rose. La confiture de graines de grenade était cette fois meilleure encore que la précédente, agréablement parfumée de fruits secs trempés à l'eau de rose. De retour au campement, Adjîb s'empressa d'aller embrasser sa grand-mère qu'il trouva occupée à préparer, elle aussi, de la confiture de graines de grenade. L'ayant goûtée, le jeune garçon reprocha à la vieille dame d'avoir fait une confiture trop amère. Celle-ci se fâcha alors très fort, disant que nulle personne au monde ne savait la faire aussi bien qu'elle sinon Hasane, son cher fils disparu*...

— Pourquoi interrompre ainsi ton récit ? reproche doucement la jeune Dounyazade en dissimulant mal son émotion. Je sais. J'ai perçu ton coup d'œil furtif en direction du ciel et je connais ton secret...

Emue à son tour par le trouble que son histoire a suscité chez cette petite sœur qu'elle affectionne plus que toute autre, Schéhérazade s'efforce alors de la rassurer en lui racontant des histoires qui, cette fois, lui mettront l'eau à la bouche et le sourire au coin des yeux.

CONFITURE DE GRAINES DE GRENADE

Tu auras peut-être deviné que cette fameuse confiture allait jouer pour nos héros le rôle d'un véritable talisman. C'est elle qui devait permettre au malheureux Hasane, après quelques péripéties encore, de retrouver les êtres chers à son cœur. Je vais t'en confier le secret car le pouvoir quasi magique de cette confiture sur les cœurs chagrins est tel que chaque maison doit toujours en conserver quelques jattes en réserve. Tu découvriras aussi que, grâce à cette préparation très simple, la grenade perd l'amertume habituellement attachée au fruit frais et retrouve une saveur en parfaite harmonie avec la beauté du fruit lorsqu'il éclate au soleil dans un camaïeu de rouges et d'ocres.

La première opération consiste à récupérer le jus du fruit. Je procède pour cela en deux temps. Je commence par presser chaque moitié de fruit à l'aide d'un presse-fruits, puis je mets les graines dans une passoire fine et je les écrase à l'aide d'une cuillère pour récupérer le reste du jus. Je verse alors dans une bassine le jus et le sucre qui doivent cuire à feu vif pendant une vingtaine de minutes jusqu'à ce que le liquide nappe la cuillère. Il convient d'enlever l'écume qui monte à la surface.

A la fin de la cuisson, j'ajoute les fruits secs et l'eau de rose dans laquelle ils ont été mis à tremper pendant quelques minutes. Je préfère réduire les fruits en petits morceaux en les concassant légèrement, ce qui rend la dégustation plus agréable. J'ajoute également quelques tours de moulin de poivre pour donner une pointe d'esprit à cette confiture qui conserve néanmoins toutes les qualités d'une délicieuse confiserie. 2 minutes de cuisson suffisent alors.

Lorsque la confiture est prête, je la verse dans de grandes jattes afin d'en faciliter le service. Les fruits secs se regroupent en une couche dense à la surface de sorte qu'il serait difficile d'atteindre la confiture si on la mettait dans des pots étroits comme on le fait habituellement pour les autres confitures.

En refroidissant, la confiture se prend en gelée. On peut alors la déguster comme on le fait de toute autre confiserie ou bien en accompagnement d'une viande ou d'une volaille.

1 l jus de grenade, 1 kg sucre semoule, 5 cl eau de rose, 50 g cœurs de pistaches (non salées), 50 g amandes, 50 g raisins secs, poivre (facultatif).

NOUGAT NOIR

Les enfants en raffolent et Hasane le savait bien ! Au milieu de tout un assortiment de confiseries, n'est-ce pas le nougat noir que les convives choisissent en premier ? C'est une préparation très simple que d'ailleurs les enfants aiment souvent à confectionner eux-mêmes.

Il suffit de mettre le miel à chauffer doucement en prenant soin de tourner sans cesse à l'aide d'une cuillère en bois. Lorsqu'il arrive à ébullition, on jette les amandes entières débarrassées de leur peau et on continue de tourner. Le nougat est prêt lorsque les amandes éclatent et que le miel prend une belle couleur doré foncé.

Je prépare les barres de nougat en étalant le miel sur un marbre huilé entouré de planchettes de bois. L'épaisseur ne doit pas dépasser 2 ou 3 centimètres si l'on veut pouvoir ensuite découper facilement de petits cubes lorsqu'il est refroidi. Je dispose alors les petits morceaux de nougat dans des caissettes en papier blanc et je conserve dans un endroit sec à température ambiante.

500 g miel, 500 g amandes.

BOUCHÉES DE FRUITS SECS

Voici encore de délicieuses pâtes de fruits qui se doivent de figurer sur un plateau de confiseries servi en accompagnement de boissons sucrées. La diversité des mets offerts au plaisir des yeux excite la gourmandise, tu le sais mieux que personne ô toi ma sœur qui n'as pas ton égale dans l'art de présenter des tables parées d'un assortiment de couleurs et de mets propres à donner un avant-goût du bonheur.

La confection de ces bouchées est des plus simples. Il suffit d'écraser finement tous les fruits et de les malaxer longuement jusqu'à ce qu'ils forment une pâte homogène. Je m'attache néanmoins à faire sauter au préalable les amandes pendant quelques minutes dans une poêle avec un peu d'huile afin d'en aiguiser la saveur.

J'ajoute ensuite à la pâte la moitié du sucre et la cannelle, ainsi que l'eau de rose pour unifier le mélange.

Je forme alors de petites boules de la taille d'une bouchée en roulant la pâte dans les mains. Je saupoudre chaque bouchée de sucre glace et je les dispose dans des caissettes en papier blanc.

80 g amandes, 100 g dattes, 100 g figues sèches, 100 g sucre glace, 1 pointe cannelle, 2 cuillerées à soupe eau de rose, 1 cuillerée à soupe huile.

PÂTE DE COINGS

Un plateau de confiseries sans pâte de coings ne serait pas digne de ce nom ! Celle-ci se conserve d'ailleurs si bien qu'il n'est pas difficile d'en avoir toujours en réserve.

Je me suis laissé dire que parmi les nombreux apports en gastronomie hérités du passage des Sarrasins dans le sud de l'Europe, la pâte de coings avait été si appréciée que les Provençaux l'ont mise au nombre des treize desserts qu'il est de tradition de servir à Noël. Quel titre de noblesse !

Je mets les coings entiers et non pelés dans une grande bassine remplie d'eau froide et je laisse cuire à feu moyen pendant 35 à 40 minutes jusqu'à ce que leur chair devienne parfaitement tendre. J'égoutte l'eau, j'enlève la peau et tout le noyau central et j'écrase finement la pulpe des fruits pour obtenir une purée qui ne doit pas être trop épaisse.

Je verse alors la purée dans une bassine en ajoutant le sucre et la vanille et je mets à cuire pendant une vingtaine de minutes sans cesser de tourner à l'aide d'une cuillère en bois.

Lorsque la pâte est cuite, elle se détache des bords de la bassine. Après avoir ôté le bâton de vanille, il ne reste plus alors qu'à étaler la pâte dans un moule rectangulaire sur 2 à 3 centimètres d'épaisseur et laisser à refroidir dans un endroit frais. Pour le service, je découpe à l'aide d'un emporte-pièce de petits morceaux de pâte que je saupoudre de sucre cristallisé. Tu peux aussi choisir de mouler toute la pâte dans un moule à flan cannelé ou dans un moule à glace. La pâte de coings fait alors une jolie pièce trônant au milieu des bouchées de fruits.

1 kg coings bien mûrs, 850 g sucre en poudre, 1 bâton de vanille, 50 g sucre cristallisé.

SORBET AU CITRON

Après avoir dégusté, quelquefois avec excès, ces délicieuses confiseries tout imprégnées de sucre, un sorbet au citron est le bienvenu. Il tient lieu de boisson, désaltère et rafraîchit les palais gourmands.

Veux-tu que je te livre le secret qui permet d'obtenir un sorbet dont la consistance est toujours parfaitement moelleuse lorsque l'on ne dispose pas d'une véritable sorbetière ?

Je commence par préparer un sirop en faisant bouillir ensemble pendant 2 ou 3 minutes l'eau et le sucre ainsi que le zeste d'orange. Je retire du feu et j'ajoute alors le jus de citron. Je choisis de préférence des citrons verts dont le parfum est plus doux. Puis, je mets à glacer dans un moule.

Par ailleurs, je monte les blancs d'œufs en meringue dans une terrine placée dans un bain-marie, en y incorporant petit à petit le sucre glace. Quand ils sont bien fermes, je mets à glacer pendant au moins 1 heure.

Pour mélanger ensuite la meringue de blancs d'œufs au sorbet, il convient de concasser le sorbet déjà pris jusqu'à obtenir une pâte épaisse. Je remets le tout dans le moule à glacer pendant au moins 1 heure avant de servir.

Au moment de servir, je démoule le sorbet dans une coupe en verre. Quelques fruits frais disposés tout autour font une garniture raffinée.

Pour 4/6 personnes

20 cl jus de citron, 40 cl eau, 150 g sucre en poudre, zeste d'une demi-orange, 2 blancs d'œufs, 100 g sucre glace.

SIROP DE ROSE

Hasane ne cessait de couver du regard l'enfant que son cœur, secrètement, avait reconnu. Rien ne serait jamais assez bon pour lui, même en puisant dans son meilleur répertoire de confiseries et de friandises ! Pour finir, il apporta une grande carafe pleine de sirop de rose, celui qu'il destinait habituellement aux belles dames de la cour pour agrémenter les après-midi qu'elles passaient paresseusement allongées dans les coussins à savourer des loukoums. Mais il s'agit là d'une autre histoire... que je ne puis raconter ; le sultan veille jalousement à ce que l'on ne dévoile aucun des secrets du harem, pas même celui de la confection des loukoums...

La préparation du sirop est des plus simples. Il suffit de mettre l'eau à bouillir et d'y faire ensuite fondre le sucre pendant quelques minutes à petit feu. Tu ajouteras ensuite le jus de citron et l'eau de rose en maintenant une petite ébullition pendant encore quelques minutes. Je te recommande alors de filtrer le mélange avant de mettre le sirop au frais.

Au moment de servir, j'ajoute des cubes de glace dans la carafe et, au besoin, un peu d'eau pour diluer le sirop s'il paraît trop concentré.

$1/_2$ l eau, 900 g sucre en poudre, 1 citron, $1/_4$ l eau de rose.

BOUCHÉES AUX AMANDES

Peut-être préféreras-tu les bouchées dans lesquelles la saveur de l'amande domine. Elles ont effectivement un côté plus raffiné mais, à mon goût, elles perdent la saveur originale des bouchées aux fruits mélangés. Je t'en livre volontiers la recette.

Dans une terrine, je mélange la poudre d'amandes avec le sucre glace et l'eau de fleur d'oranger pour obtenir une pâte homogène. Je forme ensuite de petites boules de la taille d'une bouchée et je farcis le cœur de chaque boule avec quelques pistaches concassées dans un peu de sucre. Je laisse ensuite reposer au frais.

Pour le service, je saupoudre les bouchées de sucre glace et je les dispose dans des caissettes en papier doré. Pour raffiner la présentation, on peut décorer chaque boule d'une demi-pistache.

125 g poudre d'amandes, 80 g sucre glace, 2 cuillerées à soupe eau de fleur d'oranger, 100 g cœurs de pistaches (non salées), 2 cuillerées à soupe sucre en poudre.

7

UN BARBIER IMPORTUN ET BAVARD

Un matin, alors qu'il se reposait sur un banc de pierre dans l'ombre bienfaisante d'une étroite ruelle, un jeune homme à l'âme sensible aperçut le visage éclatant d'une jouvencelle qui se penchait à sa fenêtre pour arroser des fleurs. Profondément troublé par le large sourire qu'elle lui adressa, il s'en revint chez lui et tomba bientôt dans un état de langueur tel que, jour après jour, il se mit à dépérir. Ni les médecins ni son entourage ne parvenaient à lui apporter le moindre soulagement. Il en fut ainsi jusqu'au jour où une vieille femme vint lui rendre visite et promit, après avoir découvert quelle était la source de tous ses maux, de lui arranger un rendez-vous avec sa belle.

— C'est, lui dit-elle, la fille unique du juge de la ville et celui-ci la tient jalousement enfermée de jour comme de nuit. Si elle accepte de te rencontrer, il faudra te rendre dans la maison de son père à une heure de la journée où celui-ci est absent et ne risque pas de rentrer de manière impromptue. Je m'en vais de ce pas convaincre la belle d'un rendez-vous pour vendredi après-midi, à l'heure de la grande prière à la mosquée.

Ainsi fut fait. Au jour dit, le jeune homme se prépara avec soin et envoya chercher un barbier pour lui couper les cheveux. C'était un vieil homme qui se disait astrologue. Après les salutations d'usage, le barbier s'empressa d'établir à l'aide de son astrolabe le thème astral de son client pour les heures à venir. En entendant le mauvais présage qu'il lui annonçait, le jeune homme se mit en colère et lui demanda d'arrêter là ses bavardages inutiles et de se mettre au plus vite à l'ouvrage pour lequel il l'avait convoqué. Mais au lieu de cela, le barbier repartit dans de nouveaux discours, expliquant qu'il pouvait écarter les mauvais augures à condition que le jeune homme lui dise l'objet de son rendez-vous. Peu à peu, celui-ci perdait patience, désespérant d'être prêt à temps pour aller retrouver sa belle. A bout d'arguments, le jeune homme crut pouvoir convaincre le barbier en lui proposant de lui laisser, s'il s'acquittait de sa tâche en temps utile, toutes les provisions qu'il avait achetées en vue d'un prochain festin. Le barbier pourrait ainsi faire lui aussi la fête avec ses amis. C'était peine perdue ! Au lieu de se mettre à l'ouvrage, le barbier entreprit alors de faire l'inventaire par le menu de toutes les victuailles que le jeune homme lui avait fait apporter. Chacun des plats faisait l'objet de ses commentaires émerveillés, sans en oublier aucun, y compris la corbeille de fruits dans laquelle des fruits secs se mêlaient aux fruits frais.

Après s'être enfin débarrassé par ruse de l'insupportable barbier, le malheureux jeune homme se lança dans une course éperdue en direction de la maison du juge tandis que retentissait l'appel à la prière. Il ne s'aperçut pas que, plus rusé encore, le barbier avait déjoué son plan et l'avait suivi jusqu'à la ruelle où habitait la jeune fille. Or, les deux jeunes gens avaient eu à peine le temps de se rejoindre que déjà le père de la jeune fille était de retour de la mosquée. Les cris d'une servante à laquelle le maître en rentrant avait fait quelque reproche ameutèrent bientôt tout le quartier tant et si bien que le barbier en profita pour se glisser dans la maison*...

Soudain Schéhérazade s'est tue. Inéluctable, le jour renaissant que saluent les premiers pépiements d'oiseaux marque l'heure où la conteuse de la nuit cède le pas à la maîtresse du jour. Celle-ci prend alors le relais, jette un regard complice en direction de Dounyazade, la petite sœur gourmande, et entreprend de lui raconter quelques-unes des recettes, toutes succulentes, auxquelles le maudit barbier n'a même pas pris le temps de goûter.

BROCHETTES DE VIANDE HACHÉE

Dans une réunion d'amis où chacun se retrouve pour passer joyeusement le temps, la préparation de brochettes que chaque convive fait griller lui-même sur la braise au rythme de son appétit et de sa gourmandise ajoute à l'ambiance chaleureuse et insouciante. Les brochettes de viande hachée que je te propose ont une saveur parfumée particulièrement délicate. Fallait-il que ce barbier diabolique ait l'âme bien noire pour renoncer ainsi à l'invitation qui lui était faite d'aller festoyer en joyeuse compagnie !

Ainsi que tu le sais, la viande ne doit être hachée qu'en dernière minute. Donc, une fois la viande hachée, je la mets dans une terrine en ajoutant l'oignon râpé, le persil haché, le safran, la coriandre, l'œuf, le yaourt, le sel et le poivre. Je malaxe longuement pour obtenir une pâte homogène.

Je confectionne alors à la main de petites saucisses de pâte que j'enfile sur les brochettes préalablement huilées. La cuisson doit se faire sur des braises très vives pour que la viande soit immédiatement saisie. 2 minutes de cuisson de chaque côté sont en principe suffisantes si l'on veut que la viande reste moelleuse à l'intérieur.

Au moment de servir, on peut arroser chaque brochette avec un jus de citron. En accompagnement, j'aime servir des tomates en quartiers qui ont été elles aussi rôties sur la braise. On peut encore y adjoindre une galette de pain aux graines de sésame, des mangues à l'aigre-doux ou tout simplement un riz cuit à l'étouffée.

Pour 4 personnes

500 g épaule d'agneau, 1 oignon, 2 cuillerées à soupe persil haché, 5 à 6 filaments de safran, 1/2 cuillerée à café coriandre en poudre, 1 œuf, 1 cuillerée à soupe yaourt nature, sel et poivre, 1 citron (facultatif).

GALETTES DE PAIN AUX GRAINES DE SÉSAME

Vers le pain croustillant et doré au sortir du four les mains se tendent dans un geste de gourmandise irrépressible. Chacun veut s'empresser d'y goûter, sans retenue ni fausse honte. Le pain n'est-il pas symbole de vie ? Je te conseille néanmoins de lui laisser le temps de refroidir... il n'en sera que plus apprécié en accompagnement de toutes sortes de viandes ou d'entrées froides.

La manière de faire le pain est si profondément inscrite dans l'âme humaine depuis les temps les plus anciens qu'il n'est point besoin de l'enseigner. Tout au plus souhaites-tu peut-être que je rappelle ici quelques points essentiels.

Tout commence par la préparation de la levure qui va permettre de transformer un banal mélange de farine et d'eau en pâte à pain. Je ne saurais trop te recommander de choisir en toutes circonstances la levure de bière ; il est généralement possible d'en faire l'acquisition par petites quantités auprès du boulanger. Je dissous donc la levure de bière avec 2 cuillerées à soupe d'eau tiède et je laisse reposer pendant quelques minutes pour que le liquide devienne parfaitement fluide.

Une fois cette opération terminée, commence le pétrissage de la farine et de l'eau tiède auxquelles on va incorporer petit à petit la levure. Tu connais ce geste ancestral qui consiste à longuement malaxer la pâte avec doigts et paume de la main jusqu'à ce qu'elle devienne élastique et n'attache plus aux mains ni à la planche à pâtisserie. Il est important de consacrer au moins 10 bonnes minutes au pétrissage de la pâte. Je n'ajoute le sel qu'après 5 minutes de pétrissage.

Lorsque la pâte est prête, je la mets en boule et la laisse lever sous un linge en atmosphère humide et chaude pendant le temps nécessaire pour qu'elle double de volume. Cette opération est essentielle. Il faut, pour cela, que la température ambiante soit au moins de 25°, sinon plus. Je te confie un petit truc qui te permettra de vérifier si la pâte est bien levée : lorsque l'on y enfonce un doigt, la pâte doit reprendre aussitôt sa forme initiale.

Après avoir fait lever la pâte, je la divise en cinq petites boules que je remets en atmosphère chaude le temps nécessaire pour que la pâte se détende. Puis, j'aplatis chaque boule avec la paume de la main, j'incise légèrement le dessus en formant une croix à l'aide d'un outil très tranchant (style cutter) et je badigeonne chaque pain avec un peu de beurre fondu avant de le saupoudrer de graines de sésame légèrement grillées dans la poêle.

J'enfourne dans un four à température moyenne (200°) en prenant soin de placer dans le four une petite tasse d'eau qui donnera l'humidité nécessaire pour que la croûte du pain ne soit pas trop épaisse. La cuisson demande de 20 à 30 minutes, selon la qualité du four.

Lorsque je dispose d'un surplus de pâte, je confectionne une galette très plate dont les bords légèrement relevés permettent d'en garnir le dessus avec un mélange d'huile d'olive et d'aromates finement broyés tels que thym, sarriette, sauge, etc., assaisonné d'un peu de poivre. Ce genre de galette fait également un accompagnement fort agréable lorsque l'on déguste une viande de mouton grillée.

Pour 5 personnes

500 g farine, 30 g levure de bière, 1 cuillerée à soupe sel, 180 g eau, 30 g beurre, 30 g graines de sésame.

COINGS FARCIS A L'AIGRE-DOUX

Tu imagines quels ont pu être les commentaires de l'intarissable barbier lorsqu'il découvrit un plat de coings farcis. Il n'avait pas de mots assez flatteurs pour célébrer les talents de gastronome de son client et la saveur inégalée des coings alliée à celle de la viande. En faisant la part de ce que de tels propos pouvaient avoir d'excessif, je reconnais volontiers que ma prédilection pour l'aigre-doux est comblée par la saveur légèrement acide que libère la chair du coing lorsqu'elle a longuement mijoté. De tous les farcis inscrits à notre répertoire culinaire, celui-ci est certainement le plus inattendu mais aussi le plus savoureux !

Sais-tu que la seule véritable difficulté dans la préparation de ce plat consiste à évider les coings lorsqu'ils sont crus ? Même lorsqu'ils sont bien mûrs, les coings ont une chair si ferme qu'il est difficile d'y creuser une cavité. Or, il convient d'enlever suffisamment de chair pour obtenir un équilibre entre la saveur du fruit et celle de la viande. Il me paraît plus simple de blanchir au préalable les coings dans l'eau bouillante pendant quelques minutes. Quoi qu'il en soit, on doit toujours conserver au fruit sa peau.

Après cette opération, il convient de garnir l'intérieur des coings avec la farce.

Contrairement à la tradition qui privilégie l'adjonction de pois cassés à la viande hachée, je préfère mélanger la viande, une fois bien revenue à la poêle dans l'huile avec les oignons, à une julienne de légumes. Je prépare donc la julienne en faisant cuire séparément chaque légume coupé en tout petits morceaux, dans une casserole avec un peu de beurre et d'eau. Ceux-ci doivent rester craquants puisqu'ils finiront de cuire dans les coings. Après avoir mélangé les légumes et la viande, j'ajoute sel et noix muscade et je garnis chaque coing.

La cuisson au four dans une terrine avec couvercle est la plus adaptée. Avant d'enfourner, je prépare le mélange eau, jus de citron et sucre que je fais bouillir pendant quelques minutes avant de le verser dans la terrine où les coings sont rangés côte à côte. Une chaleur moyenne suffit pour cuire doucement les fruits. Il faut compter au moins 45 minutes pour obtenir une chair moelleuse et une sauce onctueuse lorsque la plus grande partie de l'eau libérée par les fruits s'est évaporée.

Un accompagnement de riz ou de boulghour convient parfaitement.

Lorsque la saison des coings est passée, j'utilise la même farce et le même mode de cuisson à l'aigre-doux pour réaliser de petits *choux farcis* avec les feuilles d'un chou vert que j'ai préalablement blanchi à l'eau bouillante pendant 5 minutes. Je remplace simplement le parfum de muscade par celui de la cannelle.

Pour 4 personnes

4 coings moyens, 100 g viande hachée (agneau et bœuf mélangés), 1 courgette, 2 carottes, 1 blanc de poireau, 1 branche de céleri, 50 g beurre, 1 oignon, 2 cuillerées à soupe huile, $^{1}/_{4}$ cuillerée à café macis (ou noix muscade), sel et poivre, 25 cl eau, 1 cuillerée à soupe sucre en poudre, 2 citrons.

RIZ AUX PIGNONS

Le riz dont nous faisons l'accompagnement privilégié de tant de plats n'a qu'une seule exigence. Il doit être cuit à point pour que tous les grains se détachent parfaitement. Oui certes... Difficile, diront les sceptiques qui préfèrent recourir au riz précuit totalement insipide et si raide au palais qu'il est incapable de s'imprégner de la saveur des mets qu'il prétend accompagner. Promets-moi de renoncer à cette fâcheuse habitude, ô toi ma sœur que je sais gourmande de bonnes choses.

Il s'agit en réalité de débarrasser les grains de riz de leur excès d'amidon avant de les cuire. Pour ce faire, je commence par faire tremper le riz quelques instants dans de l'eau bouillante, puis je l'égoutte et je rince abondamment à l'eau froide.

Une fois cette opération terminée, je mets dans une casserole sur le feu une quantité d'eau égale au double du volume de riz, avec sel, poivre et laurier. Je laisse bouillir quelques minutes pour réduire légèrement le volume d'eau avant d'y jeter le riz. Dès que l'eau recommence à bouillir, je couvre la casserole et je laisse cuire à petit feu jusqu'à ce que toute l'eau soit évaporée. Il faut compter environ une quinzaine de minutes. Le riz est alors cuit. Je préfère le laisser reposer un moment avant de servir, en ajoutant seulement le beurre découpé en petits morceaux pour qu'il fonde lentement et imprègne les grains de riz.

Au moment de servir, je verse le riz dans le plat à l'aide d'une fourchette et tout naturellement les grains se détachent les uns des autres. Quelques pignons préalablement sautés dans le beurre peuvent faire une agréable garniture, selon le mets avec lequel le riz est servi.

Lorsque l'on utilise du riz complet, la cuisson est sensiblement différente. Il faut alors commencer par laver abondamment le riz à l'eau froide. La cuisson exige ensuite une grande quantité d'eau salée dans laquelle le riz doit cuire pendant presque 1 heure.

Pour 4 personnes

2 verres de riz, 4 verres d'eau, 100 g beurre, sel et poivre, 1 feuille de laurier, 50 g pignons, 20 g beurre.

SABLÉS AUX NOIX

A l'heure des douceurs et des pâtisseries, ma préférence va tout naturellement, tu le sais, vers les friandises à base de fruits secs. Le choix est infini et je prends un réel plaisir à composer un assemblage aussi varié que possible combinant les saveurs et les consistances à la manière dont le peintre joue avec les couleurs sur la toile. N'est-ce pas toi précisément ma sœur qui aimes abuser parfois de la naïveté de ton entourage en évoquant pompeusement les arts-de-la-table... ?

Les sablés qui peuvent être aux noix, aux amandes, aux pistaches ou à bien d'autres parfums encore, apportent ainsi la note croustillante qui convient aux côtés par exemple de bouchées aux fruits à pâte molle.

La préparation d'une pâte sablée ne présente en soi aucune difficulté. Elle exige seulement de malaxer assez vite du bout des doigts la farine, le beurre ramolli, l'huile, le sel et l'eau de fleur. Dès que la pâte devient homogène et ne colle plus aux doigts, je forme une boule et je la mets à reposer à température ambiante pendant au moins 2 heures.

Par ailleurs, je prépare la farce en mélangeant les noix grossièrement concassées et le sucre. Quelques gouttes d'eau de fleur d'oranger permettent de lier les éléments de la farce.

Pour confectionner les sablés, je prends une noix de pâte dans laquelle j'introduis un peu de farce et que j'aplatis ensuite avec la paume de la main ou dans un petit moule rond pour lui donner la forme d'un macaron. Enfournés dans un four chaud, les sablés sont cuits en 15 ou 20 minutes.

Au sortir du four, n'oublie pas de saupoudrer les gâteaux de sucre glace. Tu peux même t'amuser à dessiner quelques croisillons caramélisés à l'aide d'une tige métallique rougie au feu.

Pour 20 sablés

250 g farine, 160 g beurre, 1 cuillerée à soupe huile de noix, $^{1}/_{4}$ verre d'eau de fleur d'oranger ou de rose, 1 pincée de sel, 100 g noix, 75 g sucre en poudre, 1 cuillerée à soupe eau de fleur d'oranger ou de rose, 50 g sucre glace.

8

UN PORTEFAIX HEUREUX

Existe-t-il vie plus laborieuse et plus terne que celle d'un portefaix qui, lorsqu'il ne trotte pas avec sa hotte lourdement chargée derrière quelque riche marchand, attend que le jour décline, mollement étendu aux abords de la porte du marché ? Or, ce matin-là, un pauvre jeune homme portefaix de son état s'entendit interpeller par une belle inconnue ; elle lui demanda de la suivre de boutique en boutique pour se charger des nombreux achats qu'elle comptait faire. Elle s'en fut ainsi tout d'abord chez un vieux chrétien qui lui vendit secrètement une jarre de vin clairet, puis dans la boutique du fruitier où elle choisit les meilleurs fruits et une profusion de fleurs aux parfums les plus délicats. Ce fut ensuite le tour du boucher, puis celui du marchand de fruits secs et du marchand d'aromates, pour finir par la boutique du pâtissier où la belle acheteuse fit provision de toutes sortes de sucreries et de friandises.

Fasciné par toutes les merveilles accumulées dans sa hotte, le portefaix accompagna la dame jusqu'à sa demeure pour y déposer sa précieuse cargaison. Son émerveillement fut plus grand encore lorsqu'il vit s'encadrer dans la porte une jeune fille d'une beauté parfaite. La jeune portière l'invita à entrer et le conduisit dans un salon dont l'agencement et la décoration pouvaient rivaliser avec les salons les plus somptueux. En son milieu, un vaste bassin en forme de piscine invitait à des jeux d'eau auxquels se livrait précisément une troisième dame, sœur des deux autres.

Lorsqu'il eut reçu une pièce d'or en paiement de sa course, le portefaix, au lieu de prendre le chemin de la porte, resta planté là comme s'il attendait autre chose. Il ne tarda pas à faire comprendre aux belles dames qu'il souhaitait participer au festin qui se préparait. Ne serait-il pas pour elles ce partenaire masculin qui leur manquait pour que la fête soit complète ? Les dames se laissèrent facilement convaincre mais à la condition que le portefaix garde le secret de leurs ébats et qu'il leur offre quelque argent. "«Amour sans argent comptant ne compte pas», telle est notre devise", dirent en chœur les trois sœurs.

Affaire fut faite et, aussitôt, l'on disposa autour du bassin des coupes de vin, des corbeilles de fruits rafraîchis et des plateaux de pâtisseries. On garnit de grandes vasques en marbre de fleurs de grenadier et de bouquets de jasmin. On alluma des bougies parfumées de grains d'ambre et de brins d'aloès qui embaumèrent bientôt toute la pièce. Le portefaix croyait rêver ! Les trois belles dames confortablement installées dans de profonds coussins l'invitèrent à s'asseoir et à goûter avec elles au vin et aux friandises qui étaient servis. Ils burent ainsi coupe après coupe et, peu à peu, le portefaix se mit à chanter, à danser et à réciter des poèmes de sa composition louant les qualités inégalées de ses hôtesses. Gagné par une joyeuse euphorie, il commença à se livrer à d'aimables badinages et à d'autres jeux plus coquins propres à enchanter les belles dames. Puis, on servit un souper délicieux que les quatre convives savourèrent en échangeant des propos légers, piquants et souvent lestes jusqu'à ce que, soudain, l'on frappe à la porte*...

Transportée par la voix de la conteuse jusqu'au seuil de paradis inaccessibles, Dounyazade réalisa à peine que Schéhérazade avait interrompu son histoire. Déjà, la voix devenue chuchotement à son oreille captait à nouveau son attention avec d'autres récits où il n'était plus question que de plaisirs de bouche, de gourmandises et d'aimables propos culinaires. Et elle retomba sous le charme de la belle sultane.

SALADE DE CAROTTES A L'ORANGE

Dans un assortiment de salades joliment disposées autour d'une coupe garnie de roses au parfum délicat, j'aime introduire cette salade de carottes dont la couleur éclatante rehausse la palette des mets présentés. Qui plus est, la saveur doucement sucrée de la carotte alliée à celle de l'orange réserve un réel plaisir. Il ne serait pas surprenant que notre belle hôtesse dont les talents artistiques sont réels y ait elle-même songé !

La préparation présente de surcroît toutes les qualités de la simplicité. Il suffit de faire cuire les carottes dans l'eau bouillante salée avec les gousses d'ail de sorte qu'elles conservent une certaine fermeté.

Une fois les carottes bien égouttées, je les coupe en petits cubes et, pendant qu'elles sont encore chaudes, je les arrose avec l'assaisonnement composé du mélange huile, vinaigre, échalotes finement hachées, jus d'orange, jus de citron, sucre glace, cumin, poivre et eau de fleur d'oranger. Je mets au frais pendant au moins 1 heure avant de servir.

Au moment de servir, je vérifie l'assaisonnement et j'ajoute, si besoin est, un peu de cumin et de jus de citron. Je saupoudre de persil finement ciselé et je dispose sur le dessus les noisettes préalablement grillées et concassées, ainsi que les rondelles d'orange pelées à vif.

Pour 4 personnes

400 g carottes, 3 gousses d'ail, 2 cuillerées à soupe huile, 1 cuillerée à soupe vinaigre de noisettes, 50 g noisettes, $^1/_2$ orange, $^1/_2$ citron, $^1/_2$ cuillerée à soupe sucre glace, $^1/_4$ cuillerée à café cumin, poivre, 1 cuillerée à soupe eau de fleur d'oranger, 1 échalote, 1 cuillerée à soupe persil, 4 rondelles d'orange.

BEIGNETS DE FLEURS DE COURGETTES

La fleur de courgette ponctue d'un éclat orangé les jardins des maraîchers. Sa texture délicate et la finesse de son dessin invitent à la cueillir pour en décorer une corbeille de fruits frais et de fruits secs. Mieux encore... il faut y goûter ! La saveur délicatement acidulée de la corolle de la fleur fait de délicieux beignets dont nos trois belles dames raffolaient ; et tu sais combien elles étaient portées sur les plaisirs gourmands de toutes sortes !

Je te conseille de préparer à l'avance la pâte à beignets afin de la laisser reposer au moins 1 heure. Il suffit pour cela de mélanger à l'aide d'un fouet la farine avec un peu d'eau, l'huile, les jaunes d'œufs, le jus de citron et le sel jusqu'à ce que la pâte soit parfaitement homogène. Elle doit être relativement épaisse afin d'obtenir une pâte qui ne devienne pas trop liquide lorsque l'on incorpore les blancs d'œufs montés en neige.

Juste avant de frire les beignets, je monte les blancs en neige et je les incorpore doucement à la pâte. Dans une bassine d'huile de friture fumante, je plonge chaque fleur de courgette après l'avoir trempée dans la pâte. Je retire les beignets de la friture dès qu'ils prennent une belle teinte dorée et je les sers aussitôt tout croustillants. Tu peux, selon ton goût, les saupoudrer d'un peu de sel ou de sucre.

Pour 20 beignets

20 fleurs de courgettes, 125 g farine, 2 œufs, 1 cuillerée à soupe huile, 1/2 citron, sel, 25 g sucre (facultatif).

RAGOÛT DE VIANDE AU MIEL

Le souper que les belles dames offrirent à leur compagnon d'un soir se voulait raffiné. Une viande au miel y trouvait tout naturellement sa place, tant est grand le plaisir que réserve la saveur de la viande d'agneau doucement confite dans une purée de miel et de fruits secs. Même le plaisir des yeux est comblé par la couleur dorée qui enveloppe tout le plat d'un éclat semblable à celui du caramel. Tu conviendras avec moi, ô ma sœur très chère, que la marque du véritable art culinaire signe les mets propres à flatter tous les sens à la fois !

Peut-être as-tu l'habitude de préparer à l'avance les mélanges d'épices que tu as coutume d'utiliser. Personnellement, je préfère broyer les épices juste avant d'en faire usage afin de leur conserver tout leur arôme. Une fois broyées et mélangées, les épices sont mises à revenir quelques instants dans une cocotte avec l'huile et quelques gouttes d'eau. J'ajoute alors les rondelles d'oignon et l'ail écrasé, puis, lorsque l'oignon commence à blondir, la viande coupée en morceaux. Il convient de la faire sauter pour qu'elle dore sur tous les côtés. Un feu vif est alors nécessaire.

La cuisson de la viande se fait ensuite à tout petit feu, cocotte couverte, en ajoutant de l'eau en quantité suffisante pour que la viande soit en partie immergée. N'oublie pas de mettre à ce moment-là un petit peu de sel.

Au bout d'une quinzaine de minutes, je retire du feu et je verse sur la viande le miel, les abricots concassés, les raisins secs, les amandes préalablement dorées à la poêle et concassées. Puis, je dispose l'ensemble de la préparation dans une terrine avec couvercle et j'enfourne à four chaud. Le ragoût va mijoter doucement pendant au moins 1 heure. Je te conseille de surveiller la cuisson. La chaleur ne doit jamais être trop forte et il convient de rajouter, au besoin, un peu d'eau. La viande doit être confite et non pas sèche. Plus la cuisson est lente et prolongée, meilleure est la consistance confite de la viande.

Au moment de servir, je dispose la viande nappée de sa sauce dans un plat un peu creux et je propose un accompagnement de boulghour au beurre ou de riz.

Pour 4 personnes

800 g épaule d'agneau, 3 cuillerées à soupe huile d'olive, 1 oignon, 2 gousses d'ail, 4 cuillerées à soupe miel, 250 g raisins secs, 125 g abricots secs, 125 g amandes.

Mélange d'épices : 5 clous de girofle, 6 graines de cardamome, 10 grains de poivre de la Jamaïque, $^{1}/_{4}$ cuillerée à café noix muscade, 1 pointe de cannelle, 5 ou 6 filaments de safran.

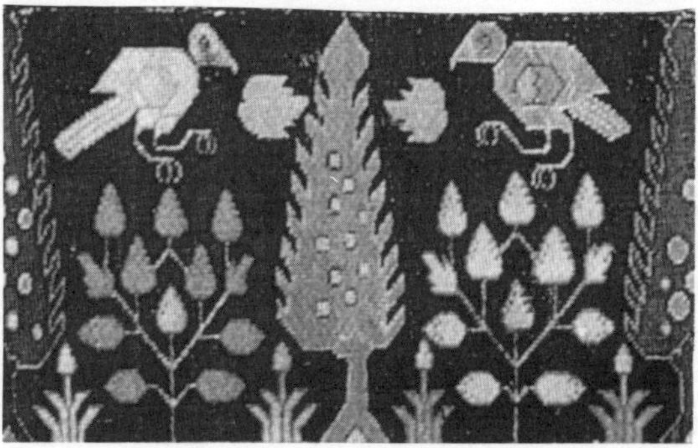

CROUSTADE A LA CRÈME D'AMANDES

Cette galette croustillante où se mêlent le parfum de l'amande et celui de la fleur d'oranger se doit de figurer sur la table des pâtisseries, ai-je besoin de te le rappeler, ô toi ma sœur dont je connais l'attachement à toutes ces valeurs essentielles qui constituent notre patrimoine culinaire ? Tu sais combien cette pâtisserie nous a été enviée ; certaines populations, dans le sud de la France en particulier, se la sont même appropriée et l'ont inscrite à leur répertoire sous le nom de pastis (pâtis) dans lequel les pommes remplacent parfois les amandes. Tant et si bien que l'appellation de ce petit pâté est devenue peu à peu le terme générique utilisé pour désigner la manière de confectionner des gâteaux. Ainsi naquit la pâtisserie... Le voyage des saveurs et des plaisirs gourmands à travers l'espace et le temps me fera toujours rêver !

La croustade est faite d'une pâte feuilletée, légère-légère, aussi légère que la feuille au vent, selon un tour de main que tu maîtrises aujourd'hui parfaitement. Il faut pour cela employer de l'excellent beurre. Un vrai pâtissier se reconnaît à la qualité du feuilletage qu'il confectionne, tu le sais mieux que personne !

Lorsque la pâte est prête, je la divise en deux parties : les deux tiers servent à tapisser le fond et les parois du moule ; le tiers restant est réservé pour le chapeau de la croustade. La pâte doit être étalée en une abaisse de 2 ou 3 millimètres d'épaisseur.

Par ailleurs, je prépare la crème aux amandes destinée à garnir l'intérieur de la croustade en mélangeant longuement les jaunes d'œufs et le sucre. Lorsque le mélange commence à blanchir, j'incorpore la farine, puis le lait préalablement bouilli avec la gousse de vanille. Je mets alors la crème sur le feu pour la cuire doucement sans cesser de tourner avec un fouet. Lorsque la crème a bouilli pendant 2 ou 3 minutes, je retire du feu et j'ajoute le beurre découpé en petits morceaux, les amandes en poudre, ainsi que l'extrait d'amandes amères et un peu d'eau de fleur d'oranger.

Je laisse refroidir la crème avant d'y incorporer la crème fouettée.

Je verse alors l'appareil sur la pâte et je dispose le chapeau de pâte. Pour faire adhérer les deux parties de la croustade, j'humecte légèrement les bords de la pâte avec un pinceau mouillé. Avant d'enfourner, je dessine sur le chapeau de la croustade des croisillons à l'aide d'un couteau pointu. Ils permettront à la pâte de gonfler de manière uniforme. Tu peux, si tu le préfères, remplacer le chapeau en disposant sur la crème, à la manière du pastis gascon, des lunules de pâte étalée aussi finement que possible qui se chevauchent en tous sens et qui donneront en cuisant une joyeuse architecture à la croustade.

La cuisson se fait à four très chaud pendant 20 à 25 minutes.

Au sortir du four, j'asperge la croustade avec l'eau de fleur d'oranger et je saupoudre abondamment de sucre glace. Je sers le gâteau lorsqu'il est encore tiède pour en goûter plus complètement les saveurs et les parfums.

Pour 4/6 personnes

300 g pâte feuilletée, $1/2$ l lait, 40 g farine, 120 g sucre en poudre, 6 jaunes d'œufs, 50 g beurre, 100 g amandes en poudre, 2 gouttes d'extrait d'amandes amères, 5 cuillerées à soupe eau de fleur d'oranger, 100 g crème Chantilly, 50 g sucre glace.

DOIGTS DE ZÉNOBIE

Un parfum de cannelle et de miel n'est-il pas le symbole de toutes les grâces que l'on prête aux belles dames de l'Orient ? C'est ainsi que l'on se plaît à célébrer encore aujourd'hui la belle, riche et puissante reine Zénobie, celle qui fit de Palmyre la capitale des sables et des caravanes par où transitaient toutes les denrées précieuses de l'Inde et de la Chine. Sa richesse et son indépendance furent telles qu'elle ébranla pour un temps la souveraineté de l'empereur Aurélien. La légende raconte que la reine Zénobie se faisait servir à table dans des vases ornés d'or et de pierres précieuses qu'elle saisissait de ses longues mains aux doigts couverts de pierres choisies parmi les plus rares.

Faudrait-il s'étonner alors que les pâtisseries auxquelles son nom reste attaché soient particulièrement appréciées à l'heure où l'on sert les coupes de boisson ? Les dames et leur compagnon d'un soir burent ainsi peut-être un peu plus que de raison...

La préparation de la pâte ne pose pas de difficultés, elle exige seulement d'être faite à l'avance pour lui permettre de lever. Je commence donc par malaxer la semoule et le beurre ramolli en ajoutant l'eau de fleur d'oranger de manière à obtenir une pâte homogène avant d'y ajouter la levure. Puis, je laisse la pâte reposer dans un endroit chaud pendant une demi-journée complète.

Je prépare ensuite des petits rouleaux de pâte longs et minces comme les doigts de Zénobie et je les cuis au four à température douce. Une quinzaine de minutes environ suffisent.

Au sortir du four, il convient de laisser refroidir les gâteaux pour éviter que la pâte ne se brise. Lorsqu'ils sont froids, je dispose les gâteaux sur le plat de service et je les saupoudre de cannelle. Je les arrose ensuite avec le miel préalablement chauffé. Il faut laisser aux gâteaux le temps de s'imprégner des parfums de cannelle et de miel avant de servir.

Pour 4 personnes

250 g semoule, 125 g beurre, $1/4$ cuillerée à café levure chimique, 3 cuillerées à soupe eau de fleur d'oranger, $1/2$ cuillerée à soupe cannelle, 4 cuillerées à soupe miel.

9

LE ROI ET L'OISEAU

A la mort de son père, le jeune prince Badr devenu roi de Perse était en âge de prendre épouse. Le choix de sa mère et de son oncle se porta sur la princesse Pierre-Précieuse dont la grande beauté et la richesse étaient légendaires. Hélas, elle était la fille du roi Oiseau-de-Feu, l'un des rois du Pays de la Mer, particulièrement irascible et sot. La demande en mariage déclencha dans tout le pays un tel tumulte que les deux jeunes gens durent, chacun de leur côté, fuir leur pays. Le jeune roi de Perse parvint ainsi jusque dans une île lointaine et s'aperçut bientôt que la princesse Pierre-Précieuse avait elle aussi trouvé refuge dans la même île. Croyant voir dans cette étrange coïncidence le signe du destin, il s'empressa de se rendre auprès de la belle pour lui déclarer sa flamme. Mais Pierre-Précieuse n'avait pas encore pardonné au jeune homme les désordres suscités par sa demande en mariage. Tout entière habitée par un désir de vengeance, elle commença par répondre aux avances du prince puis, tandis que les jeunes gens s'enlaçaient tendrement, soudain le prince reçut un crachat au visage et prit aussitôt la forme d'un superbe oiseau blanc aux pattes et au bec rouges.

Un matin, alors qu'il menait paisiblement sa vie d'oiseau joignant sa voix au concert des autres oiseaux qui peuplaient l'île, il attira le regard d'un chasseur. Fasciné par la beauté étrange de cet oiseau à nul autre pareil, le chasseur, au lieu d'épauler son fusil, lança un vaste filet pour capturer l'oiseau vivant. Fier de sa prise, il se rendit au palais du roi avec l'intention de lui offrir l'oiseau. Le roi fut à son tour séduit par la beauté de l'oiseau et s'empressa d'offrir dix pièces d'or au chasseur en échange de son présent. Installé dans une cage royale, l'oiseau devint aussitôt l'objet de toutes les attentions de la part des serviteurs du palais. Et le roi prit l'habitude de faire servir ses repas dans la salle où se trouvait la cage. Tandis que les serviteurs dressaient la table avec un raffinement extrême dans la décoration et le choix des mets, le roi prenait un grand plaisir à contempler l'oiseau.

On s'aperçut bientôt que l'oiseau ne touchait pas à la nourriture spécialement disposée à son intention dans la cage. Le malheureux jeune homme-oiseau ne supportait pas la vue de ces mets délicieux dont le roi faisait son ordinaire, ni les arômes qui flattaient son odorat ! N'y tenant plus, le troisième jour, il s'échappa de sa cage et se posa sur la table pour prendre, lui aussi, sa part du festin. Le roi n'en croyait pas ses yeux. Il n'avait encore jamais vu un oiseau manger ainsi de tous les plats et, qui plus est, de la manière la plus élégante. Il appela son épouse en titre pour qu'elle vienne contempler l'étrange phénomène.

Or, dès qu'elle entra dans la pièce, l'épouse du roi se voila le visage comme si elle se trouvait en présence d'un homme étranger. Devant l'étonnement manifesté par le roi qui ne voyait autour de lui pas un seul visage masculin hormis ceux des serviteurs, la reine s'empressa, pour le rassurer, de lui raconter toute l'histoire du roi Badr jusqu'au jour où il avait été victime d'un ensorcellement. Le roi ne pouvait mettre en doute ses paroles, sachant que son épouse était douée de talents de magicienne parmi les plus estimés du royaume. Emerveillé par le récit, il la pria alors de rendre au jeune homme-oiseau sa condition d'homme*...

Schéhérazade s'était soudain interrompue, brisant ainsi le charme du récit qui touchait à son terme. La petite sœur complice, Dounyazade, s'était laissé emporter sur les ailes du bel oiseau blanc. Et, tout doucement, la conteuse l'invitait maintenant à découvrir ces plaisirs gourmands qui ont le pouvoir de délivrer des mauvais sorts.

RISSOLES A LA MORUE

Ces petites bouchées croustillantes parfumées à la morue salée que l'on picore d'une main distraite apportent une note gourmande généralement très appréciée en début de repas. Le bel oiseau avait claqué du bec dans sa cage lorsque le parfum en était parvenu jusqu'à lui. Ne prétendait-il pas lui aussi y goûter ? Un mets de choix auquel les oiseaux eux-mêmes ne résistent pas !

Chaque fois qu'il est possible, je choisis de la pâte à brick pour confectionner les rissoles. Sa finesse et sa légèreté incomparables permettent d'obtenir une enveloppe délicieusement croustillante à nulle autre pareille. A défaut, l'on peut avoir recours à de la pâte brisée. La rissole sera tout aussi savoureuse mais beaucoup moins légère.

Je prends donc les feuilles de pâte à brick que je divise en deux. Je les humecte très légèrement avec un peu d'eau, si besoin est, pour faciliter ensuite leur pliage.

Par ailleurs, je fais juste tiédir la brandade en y ajoutant un peu de lait pour la détendre avant d'y incorporer l'ail écrasé, la noix muscade râpée et le poivre du moulin.

Au centre de chaque demi-circonférence de pâte, je dépose une cuillerée à soupe de brandade de morue et je replie la pâte en quatre de telle sorte qu'elle emprisonne complètement la farce et forme un triangle.

Au moment de servir, je plonge les rissoles dans l'huile de friture fumante. Juste tourne et retourne, les rissoles sont prêtes. Je les pose quelques instants sur du papier absorbant et je les sers bien chaudes sur un lit de feuilles de salade finement coupées.

Pour 4 personnes

6 feuilles de pâte à brick, 250 g brandade de morue, $^1/_2$ dl lait, 1 gousse d'ail, $^1/_4$ cuillerée à café noix muscade, poivre, huile de friture, salade verte.

PIGEONS FARCIS

Tu me trouveras bien cruelle de servir à la table du roi, devant la cage du bel oiseau des îles, des volatiles parfaitement identifiables en dépit de leur garniture. Certes... mais je ne songeais qu'à faire le bonheur du roi dont je connais la prédilection pour les pigeonneaux cueillis au sortir du nid ! Pour me faire pardonner et calmer tes reproches, ô sœur mienne, laisse-moi te révéler cette manière tout à fait savoureuse d'apprêter de jeunes pigeons. Tu pourras d'ailleurs l'appliquer aussi bien pour préparer de jeunes perdrix aux pattes rouges le jour où tu souhaiterais donner ainsi un gage de fidélité à l'être cher. Le poète n'a-t-il pas dit qu'il n'existait point ici-bas d'être plus fidèle que la perdrix du désert pour ses petits ?

Pour réaliser la farce, je commence par faire tremper dans l'eau froide la graine de couscous ou le boulghour pendant au moins une demi-heure. Par ailleurs, je fais revenir dans un peu de beurre d'un côté les pignons et les amandes, de l'autre le foie des pigeons. J'égoutte bien le boulghour et j'incorpore à la graine pignons, amandes et foies, la moitié du beurre fondu, les épices et le sel. Tu veilleras à ce que la farce soit suffisamment relevée.

Lorsque la farce est prête, je remplis l'intérieur des pigeons, je recouds la peau pour éviter que la farce ne s'échappe pendant la cuisson et je badigeonne chaque pigeon avec du beurre fondu. On peut aussi remplacer le beurre par du miel qui ajoute une légère saveur sucrée fort agréable.

Je fais cuire à four chaud pendant 30 minutes environ. Il convient de surveiller la cuisson et d'ajouter si besoin est un peu d'eau pour éviter que les volailles ne se dessèchent. Au sortir du four, je déglace le plat de cuisson en y versant un peu d'eau bouillante afin de décoller les sucs de cuisson et je laisse réduire pendant quelques minutes avant de servir en saucière.

Au moment de servir, j'ouvre chaque pigeon par le milieu et je dispose les oiseaux garnis de leur farce sur un lit de feuilles de salade ou de cresson, entourés de rondelles de citron.

Pour 4 personnes

4 pigeonneaux, 125 g boulghour ou couscous moyen, 50 g pignons, 50 g amandes mondées, 1 cuillerée à café cinq-épices, $^1/_2$ cuillerée à café cannelle, 10 grains de poivre de la Jamaïque (moulus), sel, 100 g beurre, 2 citrons, 2 cuillerées à soupe miel (facultatif).

ÉPINARDS AUX PIGNONS

Je privilégie cette manière d'apprêter les épinards en début de saison lorsque les feuilles sont tendres et brillent d'un beau vert. Le palais de tes convives, comme celui de notre roi, sera délicieusement flatté par ce mélange de consistances molles et craquantes qui fait le bonheur des gourmets. Oserais-je t'avouer que notre roi vieillissant exigeait qu'on lui serve chaque jour une dose de pignons à croquer sous une forme ou sous une autre ? Il prétendait puiser là toute cette belle vigueur qui lui permettait d'honorer tous les jours l'une de ses plus jeunes concubines...

Pour conserver aux épinards toute leur saveur originelle, je les plonge dans l'eau bouillante salée pendant très peu de temps, peut-être 2 minutes ou 3 à partir du moment où l'eau se remet à bouillir. J'égoutte et j'asperge d'eau froide pour éviter qu'ils ne jaunissent. Lorsque toute l'eau est évacuée, je hache finement les feuilles d'épinards et je les mets à mijoter doucement dans une casserole avec crème et noix muscade râpée. Cette opération doit permettre d'obtenir une purée parfaitement liée.

Au moment de servir, j'ajoute l'huile crue et les pignons préalablement sautés à la poêle, et je rectifie au besoin l'assaisonnement.

Pour 4 personnes

1,5 kg épinards, 15 cl crème fraîche, 100 g pignons de pin, 1 pointe de noix muscade, 1 cuillerée à soupe huile d'olive, sel.

MOUSSE A LA CRÈME D'ABRICOTS

Tu connais déjà ma prédilection pour les abricots. Elle est si grande que je n'hésite pas à recourir aux abricots secs lorsque la saison des fruits frais est passée. Je te conseille de goûter cette mousse aux saveurs très fines. Comment pourrais-tu y rester insensible, ô toi ma sœur que je sais toujours prête à fondre de gourmandise devant la table des douceurs et des pâtisseries que l'on sert avec les boissons après le repas ?

Je prépare la crème aux œufs qui sert de base à la mousse de la manière la plus traditionnelle en versant le lait, préalablement bouilli avec la vanille, sur les jaunes d'œufs battus avec le sucre. J'ajoute l'extrait d'amandes amères et je remets sur le feu où la crème doit cuire doucement sans jamais bouillir sinon elle tournerait.

Par ailleurs, je monte les blancs d'œufs en neige dans un bain-marie en incorporant petit à petit le sucre glace jusqu'à ce que le mélange soit bien ferme.

Lorsque la crème est presque froide, j'ajoute les blancs en neige en remuant délicatement pour obtenir une mousse homogène. Je verse la mousse dans une coupe et je mets au frais pendant au moins 2 heures avant de servir.

Lorsque l'on utilise des fruits secs, il convient de faire d'abord tremper les abricots dans l'eau froide pendant au moins 12 heures. Ensuite, je réduis les fruits en une fine purée et je mets à cuire pendant une quinzaine de minutes avec la crème fraîche. Au sortir du feu, j'émulsionne la crème à l'aide d'un batteur et je garde au chaud.

Au moment de servir, j'ajoute le jus de citron et la crème d'abricot-liqueur. Je verse alors la crème chaude sur la mousse froide.

Pour 4 personnes

50 cl lait, 4 jaunes d'œufs, 50 g sucre en poudre, 1 gousse de vanille, 3 blancs d'œufs, 50 g sucre glace, 3 gouttes d'extrait d'amandes amères, 150 g abricots secs, 10 cl crème fraîche, 2 cuillerées à soupe crème d'abricot-liqueur.

MACARONS AUX AMANDES

Le bel oiseau raffolait de ces petits gâteaux dont il aimait à piquer de son bec l'enveloppe croustillante pour atteindre les lamelles d'amandes grillées qui en garnissent le cœur. Notre prince-oiseau était un connaisseur, cela va sans dire ! Tes convives eux aussi apprécieront cette friandise à l'heure des douceurs en accompagnement d'une crème, d'une soupe de fruits ou d'une glace. Ne leur refuse pas un plaisir somme toute facile à satisfaire à peu de frais.

Dans une terrine, je mélange la poudre d'amandes et le sucre en poudre et j'y incorpore doucement deux blancs d'œufs non montés en neige. Lorsque le mélange est bien homogène, j'ajoute les amandes effilées préalablement grillées, puis l'extrait d'amandes amères.

Il faut alors monter les autres blancs d'œufs dans un bain-marie en y ajoutant petit à petit le sucre glace. Dès qu'ils sont pris en meringue, je les incorpore délicatement au mélange de sucre et d'amandes.

Je te conseille de cuire les macarons dans de petits moules non cannelés de sorte qu'ils prennent en cuisant une belle forme et se démoulent facilement. Après avoir beurré les moules, je dispose dans chacun d'eux une cuillerée à soupe de pâte et j'enfourne à four moyen pendant une dizaine de minutes, puis pendant encore 15 minutes environ à feu très doux. Les gâteaux doivent rester moelleux à l'intérieur ; seul le dessus devient croustillant. Il convient de les démouler dès la sortie du four avant qu'ils ne refroidissent.

Pour 24 macarons

125 g sucre semoule, 60 g amandes en poudre, 65 g amandes effilées, 4 blancs d'œufs, 30 g sucre glace, 1/2 cuillerée à café extrait d'amandes amères.

10

UN FESTIN DE PAROLES

Un pauvre mendiant sillonnait les routes du pays en quête d'une maigre pitance lorsqu'il parvint un jour devant une vaste demeure. Poussé par la faim, il entra et, après avoir parlementé avec le portier, se retrouva dans un salon richement décoré. Le maître de maison, après les paroles de bienvenue, posa quelques questions au vagabond et, comprenant à quel point la faim le tenaillait, l'invita solennellement à sa table. En réalité, le maître de maison qui s'ennuyait très fort dans son palais se proposait de mettre à profit l'arrivée du misérable vagabond pour s'offrir l'un de ses divertissements préférés.

Il appela les serviteurs, leur ordonna de disposer la table et les invita à présenter au pauvre mendiant des plats tous plus succulents les uns que les autres. Et la comédie du festin commença ! Tout n'était que gestes, mimiques et paroles sans que la moindre nourriture ne soit jamais présentée. Le maître de maison conviait son hôte à savourer des mets imaginaires dont il vantait toutes les qualités de telle sorte que le pauvre vagabond affamé était au supplice. Celui-ci n'en laissa rien paraître, bien au contraire. Il entra tant et si bien dans le jeu du maître de maison qu'il en vint à lui demander la recette de ces délicieux beignets venant après un plat de céréale, un ragoût de viande et bien d'autres plats plus riches encore. Devant l'abondance des sucreries et confiseries tout aussi imaginaires qui lui étaient proposées, le vagabond finit par dire à son hôte qu'il était complètement rassasié et qu'il ne pouvait plus avaler quoi que ce soit.

Le maître de maison demanda alors qu'on apporte les boissons, donnant ainsi à son infortuné convive l'occasion qu'il attendait pour prendre sa revanche. Celui-ci accepta le verre fictif qu'on lui servit, le vida d'un trait, le présenta à nouveau pour qu'on le remplisse et ne tarda pas à manifester des signes d'ivresse. Il se mit alors à assener à son hôte une volée de coups bien placés. Inquiet de voir mal tourner la comédie qu'il jouait depuis plus d'une heure au vagabond affamé, le maître de maison le prit par les épaules et, le secouant avec force, lui demanda ce qui lui arrivait. Le vagabond à son tour se fit convaincant, rétorquant qu'il ne fallait voir là que l'effet de la boisson et demandant l'indulgence du maître de maison pour tant d'ingratitude à son égard.

Cette réponse déchaîna l'hilarité du maître de maison. Surpris et ravi à la fois, il découvrait pour la première fois que l'une de ses victimes pouvait avoir autant d'esprit que lui ! Il invita alors le vagabond à passer à table pour de bon et les serviteurs s'empressèrent d'apporter, l'un après l'autre, tous les mets qui composaient le festin imaginaire. Cette fois, les deux complices s'en régalèrent jusqu'à satiété. Convié par son hôte à demeurer chez lui, le vagabond y vécut des jours heureux jusqu'au moment où la mort frappa le maître des lieux*…

D'un cillement imperceptible des yeux, Dounyazade venait d'avertir la conteuse. C'était l'heure d'abandonner sa fonction de magicienne du verbe pour redescendre sur terre avant que le jour naissant n'ait dissipé totalement les ombres de la nuit. Schéhérazade ne lui avait-elle pas promis aussi de lui révéler quelques-uns des secrets qui permettent à la belle conteuse de combler la gourmandise de ses auditeurs avec un festin imaginaire ?

SOUPE AU YAOURT

Une soupe glacée pour accueillir le visiteur éprouvé par la chaleur est une coutume qui m'est chère. Elle désaltère, elle rafraîchit, elle ouvre l'appétit… ce qui, j'en conviens, est d'autant plus cruel que le festin annoncé se limite à une comédie de paroles. Mais oublions pour un temps les facéties, pour ne songer qu'au bonheur d'être à table, un bonheur dont le secret tient à si peu de chose…

La préparation de cette soupe est tout à fait simple et exige seulement quelques minutes en cuisine. Dans un premier temps, il convient de battre le yaourt en y incorporant un peu d'eau glacée jusqu'à obtenir une consistance qui ne soit ni trop liquide ni trop épaisse. Puis, on y ajoute le concombre, pelé et épépiné, découpé en fines lanières, ainsi que le sel et le poivre. Il est parfois nécessaire, selon la provenance des concombres, de les mettre préalablement à dégorger avec un peu de sel pendant environ 1 heure.

On met la soupe au froid pendant 3 bonnes heures, si possible. A défaut, il faudrait ajouter quelques glaçons en dernière minute, le secret consistant à servir une soupe glacée.

Je te conseille d'attendre le moment de servir pour hacher les feuilles de menthe et couper l'oignon en lamelles très fines. La menthe et l'oignon risqueraient de perdre une partie de leur arôme si on les préparait à l'avance. Je les ajoute à la soupe en toute dernière minute.

Pour 4/5 personnes

8 yaourts nature, 2 concombres, 3 petits oignons frais, 1 cuillerée à soupe menthe fraîche, sel et poivre.

CERVELLES D'AGNEAU EN TERRINE

Par la composition raffinée de cette terrine, le maître de maison prétendait honorer un hôte de marque. Certes ! La cervelle d'agneau trouve ici une préparation à la mesure de sa finesse où le moelleux et le croquant s'allient avec harmonie dans un subtil équilibre de saveurs. Je t'invite à goûter, toi aussi ma sœur très chère, à un mets digne de figurer sur les meilleures tables même si l'on ne dispose pas d'un poulet d'élevage engraissé aux pistaches comme l'exige la tradition.

En réalité, la préparation peut être menée rondement dans la mesure où les différentes opérations se combinent sans difficulté. Je commence par mettre les cervelles à dégorger pendant au moins 30 minutes dans un bol d'eau froide afin de pouvoir les débarrasser de la fine membrane sanguinolente qui les enveloppe. Une fois cette opération terminée, je les blanchis en les plongeant quelques minutes dans une casserole d'eau bouillante vinaigrée et aromatisée (céleri, girofle). Après avoir soigneusement égoutté les cervelles, il convient alors de les partager en deux, puis de les fariner légèrement et de les faire dorer dans une poêle avec le beurre.

Par ailleurs, je mets les morceaux de poulet à cuire dans une casserole d'eau avec laurier, sarriette et oignon pendant 20 à 25 minutes. Le poulet une fois égoutté et séché, je retire toute la chair en éliminant la peau et les os et je hache aussi fin que possible. J'ajoute alors à la purée de poulet les œufs entiers bien battus, les épices et le sel, le jus de citron et le yaourt.

Je prépare enfin les amandes en les faisant dorer quelques instants dans une poêle avec de l'huile, puis en les concassant de telle manière qu'elles se transforment en petits granulés et non en poudre.

Pour monter la terrine, je commence par mettre une couche de crème de poulet. Elle ne doit pas être trop épaisse. Je dispose ensuite les amandes concassées et enfin les cervelles découpées en tranches un peu épaisses. Je recouvre avec le reste de la crème de poulet et je mets à cuire au four dans un bain-marie pendant 1 heure. Tu peux également, si tu souhaites personnaliser la présentation, disposer la préparation dans des ramequins individuels.

Au sortir du four, je démoule la terrine sur le plat de service et je sers tiède avec, au besoin, un accompagnement d'épinards aux pignons. Le vert des épinards met en valeur la couleur rosée du gâteau de cervelles.

Pour 5/6 personnes

6 cervelles d'agneau, 3 morceaux de poulet (aile ou cuisse), 2 œufs, 2 cuillerées à soupe yaourt, 100 g amandes mondées, 1 citron, 1 clou de girofle, 2 cuillerées à soupe vinaigre, 1/2 cuillerée à café cardamome, 1/2 cuillerée à café gingembre en poudre, 1 cuillerée à café paprika, 1 pointe macis, sel et poivre, 1 oignon, 2 feuilles de laurier, 2 brins de sarriette, 1 cuillerée à soupe huile, 20 g beurre.

RIZ PILAF

A celui qui aime faire bonne chère cette manière d'apprêter le riz apporte de grandes satisfactions. Il n'est pas de meilleur support pour mettre en valeur la saveur de la viande d'agneau alliée à celle des fruits secs. Il faut certes un solide appétit comme celui de notre vagabond affamé pour faire honneur à un plat dont la richesse calorique n'est un secret pour personne. Mais quelles délices !

Je commence par faire revenir l'oignon découpé en rondelles dans une cocotte avec l'huile. Lorsqu'il commence à blondir, je le retire et je mets alors dans la cocotte la viande découpée en petits cubes. Elle doit dorer sur toutes ses faces pendant quelques minutes. J'ajoute ensuite les tomates pelées, épépinées et coupées en petits morceaux, les rondelles d'oignon, le sel, le poivre, la cannelle et la coriandre et je couvre d'eau. Il faut compter une bonne heure de cuisson à petit feu.

Il convient alors de mettre le riz à cuire dans cette préparation en ajoutant si besoin est l'eau nécessaire pour obtenir un volume de liquide approximativement égal au double du volume de riz. Tu n'oublieras pas d'ajouter en même temps le persil et de rectifier au besoin l'assaisonnement. Je compte environ 20 minutes pour la cuisson du riz. Celui-ci est prêt lorsque tout le liquide est évaporé.

Au moment de servir, j'incorpore le beurre, je dispose le pilaf dans un plat creux et j'ajoute les raisins secs préalablement trempés dans l'eau chaude, ainsi que les pignons légèrement frits à la poêle dans un peu d'huile.

Pour 4 personnes

400 g épaule d'agneau désossée, 1 oignon, 3 tomates, 2 cuillerées à soupe huile d'olive, 1/2 cuillerée à café cannelle, 1/2 cuillerée à café coriandre en poudre, 8 grains de poivre de la Jamaïque, 2 verres de riz, 2 cuillerées à soupe persil haché (facultatif), 30 g beurre, 50 g raisins secs, 50 g pignons.

RAGOÛT DE VIANDE AUX POMMES

Pouvais-tu imaginer de retrouver nos deux compères installés devant ce plat de viande venant après un riz pilaf, ô toi ma sœur dont je connais le talent pour composer des menus équilibrés ? Eh bien, oui, c'est ainsi... leur solide appétit n'est jamais en défaut dès lors qu'il s'agit de faire ripaille ! Je dois t'avouer que cette préparation, contrairement à la précédente, est marquée du signe de la légèreté. Elle ne manque pourtant pas de saveur, le parfum acidulé de la pomme cuite faisant toujours merveille en accompagnement d'une viande blanche.

Je commence par découper la viande en petits morceaux et je fais dorer quelques minutes dans l'huile d'olive. Je couvre d'eau et je laisse cuire à feu doux pendant 1 heure. A mi-cuisson, j'ajoute les pommes pelées, épépinées et coupées en quartiers, ainsi que l'oignon coupé en rondelles, les épices et le sel. Tout à fait en fin de cuisson, j'ajoute les amandes mondées et passées à la poêle dans un peu d'huile. Si besoin est, on peut mettre un peu de sucre lorsque l'acidité des pommes paraît trop forte ou bien, dans le cas contraire, un jus de citron. C'est ici avant tout une question de goût. Je t'avoue que personnellement j'aime mettre en valeur la saveur sucrée des pommes en ajoutant dans le plat de service de petits morceaux de fruits à l'aigre-doux, de l'avocat notamment.

Au moment de servir, je retire la viande et les fruits et je laisse un peu réduire le liquide s'il n'est pas suffisamment évaporé. Pour obtenir une sauce onctueuse, n'hésite pas au besoin à ajouter en dernière minute dans le bouillon de cuisson une noix de beurre manié avec un peu de farine.

Pour 4 personnes

500 g agneau ou veau un peu gras, 6 belles pommes vertes, 1 gros oignon, $1/_2$ cuillerée à café gingembre en poudre, $1/_2$ cuillerée à café cannelle en poudre, $1/_2$ cuillerée à café coriandre en poudre, sel et poivre, 125 g amandes entières, 2 cuillerées à soupe sucre (facultatif), 1 citron (facultatif), 50 g beurre manié (facultatif).

BEIGNETS AU MIEL

Voici la recette que ce maître de maison aux jeux diaboliques donna à l'infortuné vagabond pour exciter sa gourmandise et ajouter encore à ses tourments. Qui résisterait en effet au parfum du miel mêlé à celui de la fleur d'oranger ? Les enfants, plus que quiconque friands de beignets et de sucreries, en font des folies. Alors, n'hésite pas à te lancer dans cette préparation somme toute facile, ô toi ma sœur qui aimes toujours imaginer mille gâteries pour ceux qui ont un cœur d'enfant.

Tu dois commencer par préparer la pâte à beignets en mélangeant la farine, l'eau, l'œuf entier, la levure et le jus de citron, afin de la laisser reposer 1 heure environ. La friture des beignets se fait ensuite autant que possible juste avant de servir, en jetant des cuillerées de pâte dans la bassine d'huile très chaude.

Au sortir de la friture, tu plonges alors les beignets dans le sirop tiède en appuyant sur la pâte avec une fourchette pour que le beignet s'imprègne complètement de sirop. Tu peux ensuite disposer les beignets dans le plat de service en les aspergeant de sucre glace, ce qui rend leur dégustation plus aisée.

Pour la préparation du sirop, tu dois mettre le sucre et l'eau dans une casserole à bouillir pendant quelques minutes et, après avoir réduit le feu, ajouter le miel et l'eau de fleur d'oranger. Le sirop est prêt lorsque le liquide a réduit de telle façon qu'il devient légèrement onctueux.

Pour 20 beignets

125 g farine, 1 dl eau, 1 œuf, $^1/_2$ citron, $^1/_2$ paquet de levure chimique, huile de friture.

Pour le sirop : 750 g sucre, $^1/_4$ l eau, 1 cuillerée à soupe miel, 1 cuillerée à soupe eau de fleur d'oranger, sucre glace (facultatif).

11

LES AMANTS MALHEUREUX

Le prince persan Ali ben Bakkâr avait coutume de fréquenter la boutique de l'un de ses amis, parfumeur très en vue dans la ville, pour bavarder pendant de longs moments. Un jour, alors que les deux amis se livraient à leur passe-temps habituel, l'une des servantes favorites du calife se présenta dans un somptueux équipage pour faire quelques achats. Elle était belle comme la lune en son plein et répondait au prénom de Soleil-du-Jour. Tandis que le parfumeur s'empressait auprès d'elle, la jeune femme, intriguée par l'attitude du prince persan devenu soudain pâle et défait et croyant qu'il lui témoignait de l'hostilité, invita les deux amis à lui rendre visite. Elle souhaitait, dit-elle, faire découvrir au prince Ali l'hospitalité que l'on sait réserver aux étrangers.

Le jour dit, les deux jeunes gens se présentèrent au palais où résidait Soleil-du-Jour. Ils furent accueillis par une servante noire qui les convia à s'asseoir dans un petit salon garni de divans et de coussins recouverts de soie vert céladon où un repas savoureux avait été préparé à leur intention. Le prince persan était littéralement ébloui par le raffinement qui caractérisait aussi bien la décoration du lieu que le choix des mets servis. Son enchantement fut plus grand encore lorsque la servante noire introduisit les visiteurs dans le grand salon d'apparat ouvrant sur le jardin. Tout n'était ici que luxe et volupté et le spectacle auquel Soleil-du-Jour convia alors ses invités mit leur émerveillement à son comble. Des musiciennes au visage éclatant de beauté et richement vêtues emplissaient le jardin de leurs chants qui se mêlaient au murmure des fontaines et aux gazouillis des oiseaux. Transporté d'émotion, le prince Ali attira Soleil-du-Jour jusqu'à lui et l'enlaça tendrement. Tout le reste de la soirée ne fut pour les amoureux qu'une succession d'émotions intenses et de regards attendris. Ils savourèrent ainsi le bonheur d'être ensemble jusqu'au moment où trois serviteurs du calife se présentèrent à la porte. Ils avaient pour mission d'annoncer à Soleil-du-Jour que le calife avait décidé de venir cette nuit même chez elle.

Une fois passé le premier moment de stupeur dont elle ne laissa rien paraître, Soleil-du-Jour donna les ordres pour préparer la maison comme il convenait, embrassa le prince Ali en inondant son visage de larmes et lui recommanda de se tenir prêt, le moment venu, pour se rendre au lieu de rendez-vous qu'elle lui ferait connaître par l'entremise de l'une de ses servantes. Hélas ! il ne fut plus question de rencontre avant longtemps. Prisonniers de la passion amoureuse qu'ils ne pouvaient satisfaire, les deux jeunes gens étaient tombés, chacun de son côté, dans un état de langueur tel qu'ils ne pouvaient quitter la chambre. Ni les soins attentifs des médecins à leur chevet, ni la bienveillante sollicitude de leur entourage ne parvenaient à les guérir du mal d'amour. La servante de Soleil-du-Jour portait de l'un à l'autre dans le plus grand secret grâce à l'entremise du parfumeur les billets enflammés que les jeunes amoureux échangeaient quotidiennement. Mais un jour, craignant d'être compromis par la rumeur que cette situation ne manquerait pas de faire naître dans la ville, le parfumeur ferma sa boutique et disparut à tout jamais*...

Schéhérazade avait baissé la voix tandis que le gazouillis des oiseaux saluant la naissance du jour emplissait peu à peu toute la chambre. La complice de ses nuits, Dounyazade, restait immobile. Elle attendait la suite du récit que la conteuse lui destinait, jour après jour, dès que l'horizon s'enveloppait d'une clarté bleue. Et, fidèle à sa promesse, la belle sultane commença de chuchoter à son oreille l'art et la manière de réussir un souper semblable à celui que Soleil-du-Jour offrit à ses invités avant le spectacle.

MOULES FARCIES

En toutes saisons, de belles et grosses moules apportées sur la table dans une soupière fumante réjouissent les yeux des dîneurs et font palpiter leurs narines. Ne sont-elles pas l'annonce de ce moment privilégié où chacun ne songe plus qu'à savourer pleinement l'instant présent ? La note raffinée qu'ajoute la farce dont chaque moule est garnie place d'entrée de jeu le repas sous le signe de la fête. Mais n'oublie pas alors de prévoir pour chaque invité un petit bol d'eau parfumée à l'eau de rose et au musc pour s'y rincer les doigts, malgré l'envie qu'il pourrait avoir de les lécher...

La préparation de la farce doit être menée promptement. Je mets les oignons émincés à revenir avec l'huile dans une sauteuse avant d'y jeter le riz qui doit, lui aussi, rissoler pendant 2 à 3 minutes. J'ajoute alors les raisins secs, les épices, l'ail écrasé et le sel pour qu'ils mijotent ensemble à petit feu pendant 4 à 5 minutes. Il convient de veiller à ce que le mélange ne noircisse pas puisqu'il n'y a pas d'eau. Parfois, je remplace le riz par des légumes (carottes, courgettes, épinards, etc.) coupés très fin et cuits 1 minute à la vapeur avant de les faire mijoter avec les raisins secs et les épices.

Pour farcir les moules, je commence à ouvrir chaque moule à l'aide d'un couteau en évitant autant que possible de séparer complètement les deux coquilles afin de pouvoir ensuite les refermer plus facilement sur la farce. Je les garnis avec une cuillerée de farce. Je dispose ensuite les moules farcies côte à côte dans un plat en terre ; j'ajoute le jus de citron, le vin blanc et je complète avec de l'eau de façon que les moules soient complètement couvertes. Je couvre le plat et j'enfourne dans un four à température douce. Il faut compter une trentaine de minutes de cuisson. Le liquide de cuisson doit être pratiquement évaporé lorsque la cuisson est terminée.

Au sortir du four, je saupoudre les moules de persil haché et je sers dès que la température du plat s'est un peu refroidie.

Pour 4 personnes

20 à 24 moules selon grosseur, 1 citron, 3 cuillerées à soupe huile, 1 gros oignon, 1 verre de riz, 30 g raisins secs, 5 à 6 filaments de safran, 1 pointe de macis, 1 pointe de coriandre en poudre, 1 gousse d'ail, $^1/_2$ verre de vin blanc sec, 1 cuillerée à soupe persil haché, sel et poivre.

SALADE DE CERVELLES

Cette salade aux saveurs raffinées fait un agréable prélude à un souper d'avant-spectacle. Et si tu souhaites que le bonheur de tes invités soit complet, n'hésite pas, ô petite sœur très chère, à mélanger comme le fit Soleil-du-Jour ce soir-là cervelles et ris de veau. Leur alliance fait merveille. Tout le secret de la gastronomie ne tient-il pas précisément à la subtilité des saveurs et des parfums harmonieusement combinés ?

Tu commenceras par préparer la cervelle et le ris de veau en les mettant à dégorger dans l'eau froide pendant au moins 30 minutes afin de pouvoir les débarrasser de tous les petits éléments sanguinolents. Une fois cette opération terminée, il convient de blanchir les cervelles en les plongeant quelques minutes dans une casserole d'eau bouillante vinaigrée et aromatisée (céleri, girofle), puis de les égoutter et de laisser refroidir.

La préparation du ris de veau est un peu plus longue. Il faut également le blanchir en le plaçant dans une casserole d'eau froide non salée que l'on porte à ébullition. Dès que l'eau bout, tu retireras le ris de veau et tu t'emploieras à le débarrasser de la fine pellicule qui l'entoure ainsi que de toutes les parties non comestibles. Il faut ensuite le braiser dans une sauteuse susceptible d'aller au four, avec un peu de beurre jusqu'à ce qu'il prenne couleur. Tu ajouteras les légumes coupés en morceaux en les faisant revenir quelques minutes avant de verser le vin blanc. Il convient de compléter le liquide avec un peu de bouillon de telle sorte qu'il couvre le ris de veau jusqu'aux deux tiers de sa hauteur. C'est alors le moment d'enfourner dans un four préchauffé à 250° en prenant soin de couvrir la sauteuse d'un papier d'alu. La durée de cuisson est variable selon la grosseur du ris de veau et selon la qualité du four. Je compte de 15 à 20 minutes. En réalité, le ris de veau est cuit lorsqu'il a réduit d'environ un tiers. Comme pour les cervelles, au sortir du four, le ris de veau est égoutté et mis à refroidir.

Avant de servir, tu découperas des escalopes de cervelle et de ris de veau de 2 ou 3 millimètres. d'épaisseur, pour les sauter séparément dans une poêle très chaude avec un peu de beurre et d'huile mélangés (ce qui empêche le beurre de noircir). Quelques secondes de chaque côté suffisent. Personnellement, je farine très légèrement les escalopes de cervelle avant de les mettre dans la poêle et je ne les sale qu'au sortir de la poêle. Le ris de veau supporte la chaleur de la poêle sans autre apprêt qu'un peu de sel et de poivre.

Dès que les escalopes sont prêtes, j'assaisonne la salade coupée en petits morceaux dans un grand plat creux avec l'huile de noisette, le jus de citron et du sel et je dispose sur le dessus les escalopes chaudes entourées de rondelles de citron. Le plat exige alors d'être servi sans attendre. On peut aussi ajouter quelques noisettes concassées pour renforcer le parfum de l'assaisonnement.

Pour 4 personnes

1 belle batavia, 2 cervelles d'agneau, 2 "pommes" de ris de veau, 1 carotte, 1 poireau, 1 oignon, 10 cl vin blanc, 15 cl bouillon, 1 cuillerée à soupe farine, 50 g beurre, 2 cuillerées à soupe huile, 2 citrons, 3 cuillerées à soupe huile de noisette, sel et poivre, 50 g noisettes (facultatif).

CANETTE AUX PÊCHES

Je ne saurais trop te recommander cette manière d'accommoder une jeune cane dont la chair tendre fond dans la bouche en mêlant son parfum à celui de la pêche de la plus agréable manière. Le prince persan y trouva tant de plaisir en compagnie de son ami le parfumeur qu'avant même d'être introduit dans le grand salon de Soleil-du-Jour il imaginait déjà tous les bonheurs dont la belle favorite pourrait le combler.

Je commence par pocher les pêches pelées, coupées en deux et dénoyautées dans le mélange d'eau et de vin, auquel j'ajoute l'extrait d'amandes amères et, au besoin, un peu de sucre lorsque les pêches ne sont pas tout à fait mûres. 5 minutes à feu vif suffisent. Je retire du feu et je laisse les pêches macérer ainsi pendant 20 à 25 minutes. Je réserve les pêches et je fais réduire le liquide pour préparer la sauce.

Avant de brider la canette, j'asperge l'intérieur de la volaille avec le mélange de cinq-épices qui donne à la viande un parfum savoureux. Puis, je mets à rôtir la volaille avec un peu d'huile dans une cocotte sur feu vif, ce qui permet de la débarrasser d'une grande partie de sa graisse. Lorsqu'elle est bien dorée sur toutes ses faces, je dispose la canette dans un plat préalablement chauffé au four, j'ajoute un petit peu du liquide de cuisson des pêches et je mets à four très chaud pendant 35 minutes. Pour vérifier la cuisson, une pique plantée dans la chair doit ressortir chaude à la lèvre mais non brûlante. Hors du four, je n'hésite pas à laisser la canette séjourner encore quelques minutes dans le plat de cuisson, sa chair devient moelleuse et libère un jus dont une partie peut être utilisée pour parfumer la sauce. Il faut alors saler et poivrer et ajouter les pêches pour qu'elles se réchauffent en s'imprégnant des sucs de la volaille.

Pour préparer la sauce, je commence par faire un caramel avec les morceaux de sucre et un petit peu d'eau. Lorsque le caramel prend couleur, j'arrête sa cuisson en y versant le vinaigre et un peu de liquide froid de cuisson des pêches. J'assaisonne avec sel et poivre rose, et je laisse réduire à petits bouillons pour obtenir une sauce onctueuse en veillant à ce qu'elle ne tourne pas en caramel. Au moment de servir, j'ajoute un peu du jus rendu par la canette dans le plat de cuisson et je monte la sauce au fouet en y incorporant par petits morceaux le beurre ramolli. Je passe ensuite au chinois pour obtenir une sauce parfaitement homogène.

Sur le plat de service, je dispose les morceaux de canette entourés des quartiers de pêches et je présente la sauce en saucière.

Je te conseille de choisir, si possible, des pêches blanches dont la saveur légèrement acidulée convient parfaitement en accompagnement du canard.

Pour 2/3 personnes

1 canette, 1 cuillerée à soupe huile, 1 cuillerée à café cinq-épices, 6/7 pêches, selon grosseur, $^1/_4$ l eau, 10 cl vin muscat, 1 cuillerée à soupe sucre en poudre, 2 gouttes d'extrait d'amandes amères, 8 morceaux de sucre, 5 cl vinaigre de Xérès, 70 g beurre, 25 grains poivre rose, sel et poivre.

COUSCOUS SUCRÉ

Nos deux amis raffolèrent de ce dessert superbement présenté dans un plat aux couleurs chatoyantes. La graine de semoule roulée dans le beurre et son parfum de fleur d'oranger associé à celui de la cannelle ont une saveur si douce que même les esprits chagrins succombent. N'est-ce pas précisément ce que tu recherches, ô toi sœur très chère dont le principal souci est de dérider le visage de ceux qui sont réunis autour d'un repas et de rendre leur cœur plus léger ?

Tu connais, bien sûr, la préparation traditionnelle de la graine de couscous. Il convient tout d'abord de mettre la graine dans un saladier avec de l'eau froide pendant une quinzaine de minutes. On égoutte et on verse la graine dans le tamis du couscoussier placé au-dessus d'une réserve d'eau bouillante. Couvrir et laisser cuire jusqu'à ce que la vapeur d'eau s'échappe franchement du couvercle. Je veille toujours à ne pas prolonger cette première partie de la cuisson afin d'éviter que la graine, trop cuite, ne devienne pâteuse. Je verse alors la graine dans un grand plat pour y incorporer le beurre en faisant rouler les grains de semoule dans les doigts de telle sorte qu'ils absorbent peu à peu tout le beurre et se détachent bien les uns des autres. Ce travail est essentiel, il donne à la graine sa légèreté. On peut aussi, et c'est mieux encore, répéter l'opération deux fois de suite en n'incorporant chaque fois que la moitié du beurre. L'utilisation de beurre rance enlève à la semoule un peu de sa fadeur naturelle. A défaut, il convient de prévoir une bonne pincée de sel.

Lorsque le beurre est incorporé, j'ajoute un demi-verre d'eau froide, le tiers de la cannelle, l'eau de fleur d'oranger et la moitié des fruits secs préalablement concassés et roulés dans le sucre, je remets le tout dans le tamis du couscoussier et je laisse cuire à la vapeur pendant 10 à 15 minutes jusqu'à ce que la vapeur s'échappe du couvercle. A partir de ce moment-là, le couscous est prêt à servir.

Au moment de servir, je dresse le couscous chaud en forme de pyramide sur le plat de service et je saupoudre de sucre glace. La décoration avec le reste de cannelle et de fruits secs est alors un jeu dans lequel l'imagination de chacun peut se donner libre cours pour le choix des graphismes allant des plus simples aux plus sophistiqués.

Pour 4 personnes

400 g couscous moyen, 80 g beurre, 1 cuillerée à soupe cannelle, 2 cuillerées à soupe eau de fleur d'oranger, 50 g cœurs de pistaches (non salées), 150 g dattes, 50 g raisins secs, 50 g amandes, 25 g sucre en poudre, sucre glace.

SALADE D'ORANGES

Une salade de fruits frais présentée à la fin du repas trouve toujours de nombreux adeptes, plus encore lorsqu'elle flatte le regard par un assortiment de couleurs et par la promesse d'une saveur toute de fraîcheur. Des oranges récemment cueillies, une petite note de rouge et de vert pour en faire chanter la couleur et un grand saladier de céramique noire, il n'en fallait pas plus, et Soleil-du-Jour le savait, pour faire les délices de ses invités d'un soir.

Une fois débarrassées de leurs peaux et coupées en tranches fines, les oranges sont disposées dans une coupe en verre. Je saupoudre alors de sucre glace et je verse le jus de citron mêlé à l'eau de rose. Je mets au frais pendant une bonne heure.

Au moment de servir, je dispose sur le dessus de la salade les demi-amandes fraîches, les grains de groseille et les feuilles de menthe ciselées.

Pour 4 personnes

4 oranges, 1 citron, 2 cuillerées à soupe sucre glace, 1 cuillerée à soupe eau de rose, 50 g groseilles, 10 feuilles de menthe, 50 g amandes fraîches (facultatif).

GÂTEAUX AUX NOISETTES

Ces petites pâtisseries font un accompagnement savoureux pour de nombreux desserts à base de fruits, de glaces ou de sorbets. Leur préparation est un jeu d'enfant auquel tu céderas volontiers chaque fois que tu souhaiteras flatter la gourmandise de tes convives et mettre un point d'orgue savoureux à un repas empreint de raffinement.

Avant de commencer la préparation de la pâte, il convient, avant de les réduire en poudre, de faire griller très légèrement les noisettes au four en surveillant attentivement pour qu'elles dorent sans brûler. Je malaxe ensuite le beurre avec le sucre glace et le mélange de poudre de noisettes et de sucre. J'ajoute les œufs entiers bien battus, la farine, la levure, le zeste de citron, les épices, la vanille râpée et le sel, et je laisse reposer 1 heure.

Je dispose la pâte dans des petits moules légèrement beurrés en prenant soin de laisser un creux au milieu pour permettre à la pâte de gonfler et obtenir néanmoins un gâteau plat au sortir du four. J'enfourne dans un four chaud (200°) pendant une quinzaine de minutes.

Pour 20 gâteaux

110 g beurre, 3 œufs, 110 g farine, 35 g sucre glace, 75 g noisettes, 75 g sucre en poudre, $^{1}/_{2}$ citron, $^{1}/_{2}$ cuillerée à café levure chimique, $^{1}/_{2}$ cuillerée à café quatre-épices, 1 pointe de cannelle, $^{1}/_{3}$ gousse de vanille, 1 pincée de sel.

12

UNE ÉTRANGE SOIRÉE

Trois jeunes et belles adolescentes qui aimaient à festoyer en galante compagnie avaient accueilli ce soir-là des moines errants venus frapper à leur porte en quête d'un gîte où passer la nuit. Borgnes chacun de l'œil droit et le crâne entièrement rasé, les trois derviches avaient une si étrange figure que les jeunes sœurs décidèrent de les inviter à partager leurs réjouissances, persuadées qu'ils ne manqueraient pas de les divertir avec d'étonnantes histoires. Mais elles posèrent une condition. Ils devraient respecter la devise gravée en lettres d'or sur la porte d'entrée : "Celui qui parle des choses qui ne le concernent point s'expose à entendre des paroles qui ne lui plairont point." Après avoir souhaité la bienvenue aux trois hommes, les jeunes filles leur offrirent des coupes de vin et bientôt les derviches borgnes, parfaitement à leur aise en si aimable lieu, se mirent à chanter avec un accompagnement de tambourin, de violon monocorde et de harpe persane. Ils faisaient si grand tapage qu'ils éveillèrent la curiosité de promeneurs insolites passant à proximité malgré l'heure avancée de la nuit. Le calife en personne escorté de son fidèle vizir et de son porte-glaive effectuait une visite nocturne de sa bonne ville. Toujours à l'affût d'une occasion de faire la fête, il lui vint l'idée d'entrer dans la maison pour participer au spectacle qui s'y donnait. Il commanda alors au grand vizir de manigancer quelque ruse dont son imagination était fertile pour l'introduire, lui et sa suite, dans la joyeuse compagnie sans être reconnus.

Les jeunes filles se laissèrent convaincre sans difficulté par les propos du vizir, et invitèrent les trois visiteurs à les suivre dans le grand salon où se tenait la fête. Comme de coutume, elles exigèrent seulement que les nouveaux arrivants respectent la devise inscrite en lettres d'or sur la porte d'entrée. Le contraste que faisait avec la beauté des jeunes filles et la richesse du lieu la présence des trois derviches borgnes de l'œil droit ne manqua pas d'intriguer le calife. Mais il ne posa aucune question. Bientôt, un souper fut servi avec un luxe raffiné dans le choix des mets comme dans leur présentation, digne de rivaliser avec celui d'une table princière. L'étonnement du calife sans cesse grandissant fut à son comble lorsque, après avoir débarrassé les tables, les jeunes filles donnèrent à leurs hôtes un spectacle plus étrange encore.

L'aînée des sœurs fit sortir d'une armoire deux jeunes levrettes qu'elle se mit à fouetter jusqu'au sang tant et si bien que les bêtes commencèrent à répandre d'abondantes larmes. Pleurant à son tour, la jeune femme s'employa alors à consoler les levrettes en les couvrant de baisers. Le calife n'y tenait plus. Se penchant alors vers son vizir, il exigea qu'il demande aux trois jeunes filles de raconter leur histoire afin de comprendre en quel lieu insolite il était tombé. Après avoir longuement tergiversé et mis en garde son souverain, le vizir se plia à son ordre. Aussitôt, l'aînée des sœurs adressa de violents reproches aux convives qui avaient largement profité de leur accueil sans pour autant respecter l'engagement pris en entrant. Puis, la jeune fille frappa trois coups dans ses mains et les deux portes d'une armoire s'ouvrirent brusquement*...

Dans l'atmosphère trouble qui a envahi toute la chambre, l'air frais du petit matin apporte soudain comme un souffle nouveau. La voix de la conteuse s'est tue. Les ombres de la nuit peu à peu se dissipent emportant avec elles songes et cauchemars. Pour Dounyazade, c'est l'heure bénie où la belle sultane redevient Schéhérazade, la complice de ses gourmandises, qui raconte, pour elle et pour elle seule, l'étrange aventure d'un festin que l'on réserve aux amis d'un soir.

CHOU-FLEUR A LA SAUCE SÉSAME

Pour agrémenter la table un soir de joyeuses agapes, j'aime compléter l'assortiment traditionnel des salades de quelque sauce plus raffinée qui fait aux légumes un habit de fête. Je te propose ici une sauce à base de purée de sésame dont la saveur se combine d'agréable manière avec celle du chou-fleur. Les derviches borgnes s'en régalèrent et le calife lui-même se félicita d'être entré à l'improviste dans une maison où l'on pratiquait avec élégance les plaisirs de la table.

Pour la cuisson du chou-fleur, je te conseille de choisir la cuisson à la vapeur qui conserve au légume fermeté et saveur. Lorsque le chou-fleur est débité en petits bouquets, il faut compter approximativement une dizaine de minutes de cuisson. Tout dépend en fait du degré de fraîcheur du légume.

Pendant ce temps-là, je prépare la sauce en commençant par mélanger la purée de sésame, le jus de citron, l'ail écrasé et le sel. A l'aide d'un fouet, je malaxe alors bien le mélange pour obtenir une crème homogène et onctueuse à laquelle j'ajoute, pour finir, le persil haché.

Au moment de servir, je dispose les bouquets de chou-fleur encore tièdes dans un plat de couleur foncée et je les nappe en partie avec la sauce qui leur fait une robe vert et blanc. Quelques rondelles de citron disposées tout autour complètent agréablement la présentation.

Pour 4 personnes

800 g chou-fleur, 2 cuillerées à soupe purée de sésame (tahina), 2 citrons, 1 gousse d'ail, 1 cuillerée à soupe persil haché, sel.

ROUGETS AU BASILIC

Tu sais combien nos amis sont friands de rouget barbet, poisson haut en goût et en couleur s'il en est. C'est un mets de choix qu'il convient d'apprêter de la manière la plus simple si l'on veut conserver à ce poisson de race saveur et distinction. Il est d'usage de le griller sur la braise ou de le frire dans l'huile. A la table des grands où l'on cultive raffinement et élégance, comme par exemple chez le calife de Baumanière, la cuisson à la vapeur est privilégiée ; elle permet de savoureux assaisonnements dont je te livre ici quelques secrets.

La préparation du poisson est différente selon que l'on choisit de le cuire entier ou bien de le présenter en filets. Conservé entier, le rouget doit être débarrassé soigneusement de toutes ses écailles avant d'être placé dans le panier de la marmite à vapeur. Je compte alors 3 à 4 minutes de cuisson de chaque côté. En revanche, lorsqu'on lève les filets, le poisson privé de sa peau ne demande pas plus d'1 ou 2 minutes de cuisson à la vapeur. Il est en outre inutile de le retourner. Dans tous les cas, n'oublie pas de saler et de poivrer les poissons en début de cuisson et de placer quelques branches de basilic frais dans le fond du panier de cuisson.

Au moment de servir, l'on dispose les poissons entiers ou les filets sur un lit de tomates concassées crues qui ont longuement macéré dans un mélange d'huile d'olive, de basilic, d'ail et de vinaigre, et l'on saupoudre de basilic ciselé.

Pour 4 personnes

4 beaux rougets barbets, 300 g tomates pelées et épépinées, 4 cuillerées à soupe huile d'olive, $^1/_2$ gousse d'ail, 1 cuillerée à café vinaigre de Xérès, 1 bouquet de basilic frais, sel et poivre.

ŒUFS FRITS AUX ÉPINARDS

Un plat joliment dessiné comme l'aurait fait la main de l'aquarelliste. Les œufs dorés comme des billes d'ambre posés sur fond de vert sont dignes de figurer aux côtés du chou-fleur en robe vert et blanc et du rouget dans son habit de pourpre. Ils sont une fête pour l'œil qui nourrit aussi le cœur tandis que leur saveur parfumée met en émoi les papilles gourmandes. Les belles dames avaient l'art de jouer sur tous les registres pour régaler leurs galants !

Avant d'arriver dans la bassine de friture où ils prendront une belle couleur dorée, les œufs subissent une préparation qui peut paraître un peu longue mais qui leur donne toute leur saveur.

La première opération consiste à faire durcir les œufs, à les refroidir ensuite sous l'eau froide et à les écaler. Les œufs ainsi préparés sont coupés en deux afin d'en retirer le jaune. Celui-ci sert à la préparation de la farce qui vient ensuite garnir les coquilles de blancs.

Pour préparer la farce, je mets dans une casserole les anchois bien lavés et débarrassés de leurs arêtes et je chauffe doucement jusqu'à ce qu'ils se transforment en une pommade dans laquelle j'incorpore petit à petit le beurre. Par ailleurs, je fais revenir dans un peu d'huile un petit oignon frais émincé. Enfin, je fais tremper la mie de pain dans le lait bouillant avant de l'essorer soigneusement pour en extraire la plus grande quantité du lait.

Dans une terrine, je mélange alors les jaunes d'œufs écrasés, la purée d'anchois, l'oignon et le persil haché, la mie de pain, poivre et muscade. Lorsque j'ai obtenu un mélange aussi homogène que possible, je remplis chaque coquille de blanc d'œuf avec la farce et je mets au frais pendant environ 1 heure.

Les œufs farcis doivent alors être panés. Il faut prendre soin de bien les sécher avant de les tremper dans la panade. Au besoin, je les saupoudre très légèrement de farine. Puis, je les passe dans l'œuf entier bien battu avec l'huile et le sel et je les roule dans la mie de pain finement émiettée en appuyant pour que la mie de pain adhère bien de toutes parts.

Il ne reste plus alors qu'à les plonger dans une grande friture légèrement fumante juste le temps nécessaire pour qu'ils s'enveloppent d'une croûte dorée et que la farce de l'œuf se réchauffe. Il faut compter environ 5 à 6 minutes.

Au sortir de la friture, je fais égoutter les œufs sur du papier absorbant avant de les disposer sur le plat de service garni d'épinards qui auront juste été mis à revenir à cru dans une poêle avec un peu de beurre et une pointe d'ail.

Pour 4 personnes

1 kg épinards en branches, 6 œufs, 6 anchois au sel, 50 g beurre, 1 petit oignon, 1 cuillerée à soupe huile, 2 cuillerées à soupe persil haché, 2 tranches de pain bien rassis, 1 dl lait, poivre, $^{1}/_{4}$ cuillerée à café muscade, huile de friture.
Pour la panade : 1 œuf, $^{1}/_{2}$ cuillerée à café huile, sel, 6 tranches de pain bien rassis.

POULET AU CITRON VERT

Je connais tes réticences lorsqu'il est question de servir un poulet au cours d'un repas qui prétend régaler des palais délicats, ô toi ma sœur dont les qualités de gastronome sont aujourd'hui unanimement reconnues. Ne vois pourtant ici aucune malice de ma part ! Un poulet, lorsqu'il est de bonne qualité et qu'il est apprêté de manière savoureuse, peut réserver un réel plaisir même aux convives les plus délicats. Crois-en mon expérience, celle de l'épouse en titre d'un sultan souvent capricieux en amour comme à table…

Le véritable secret consiste à faire mariner longuement, une nuit au moins, le poulet découpé en morceaux dans un mélange fait avec le jus de quatre citrons, l'huile, un demi-verre d'eau, l'oignon émincé, l'ail écrasé, les épices et le sel.

Au sortir de la marinade, j'essuie bien les morceaux de poulet et je les mets à revenir dans une cocotte avec un peu d'huile et de beurre jusqu'à ce qu'ils prennent une belle couleur dorée. J'ajoute alors la marinade et je mets à cuire à petit feu pendant 40 à 50 minutes. La durée totale de cuisson dépend en fait de la qualité du poulet choisi. La chair doit rester moelleuse. Un excès de cuisson la rendrait fibreuse.

Dix minutes avant la fin, j'ajoute un jus de citron et deux citrons confits coupés en rondelles. A défaut de citron confit, je n'hésite pas à utiliser le zeste d'un citron préalablement blanchi.

Au moment de servir, si la sauce paraît trop liquide, je la fais réduire quelques instants à part. Dans le plat de service, je dispose les morceaux de poulet nappés de leur sauce et je présente un accompagnement de riz ou de boulghour, cuit à blanc avec juste une noisette de beurre dans l'eau de cuisson, ou mieux encore des petits légumes confits dans le jus de citron.

Pour obtenir un zeste dépourvu d'amertume, il convient de peler le citron aussi finement que possible à l'aide d'un épluche-légumes, puis de découper en julienne la peau ainsi obtenue et de plonger celle-ci dans une casserole d'eau froide. Lorsque l'eau bout, je retire le zeste, je remplace l'eau chaude par de l'eau froide et je remets à bouillir. Je renouvelle l'opération trois fois de suite. A la troisième fois, j'ajoute dans la casserole deux cuillerées à soupe de sucre.

Pour 4 personnes

1 beau poulet, 5 citrons verts, 3 cuillerées à soupe huile d'olive, 1 cuillerée à soupe huile de sésame, 4 graines de cardamome, $^1/_2$ cuillerée à café gingembre, 1 dose de safran, 1 oignon, 1 gousse d'ail, 20 g beurre, sel et poivre, 2 citrons confits (facultatif).

HALVA

Nos hôtesses avaient ce soir-là tout particulièrement soigné la table des pâtisseries. Tout un assortiment de confiseries et de friandises, de fleurs et de fruits éclatants de couleurs faisait briller les yeux de plaisir et promettait des bonheurs gourmands. Elles n'avaient pas oublié d'y glisser un de ces délicieux halvas dont elles ont le secret. Si tu n'y as point goûté encore, je ne saurais trop te conseiller de combler au plus vite cette lacune, ô toi sœur très chère que je sais friande de toutes ces sortes de douceurs parfumées.

La confection de ce gâteau a quelque chose qui relève de l'alchimie. Installée aux fourneaux devant une poêle où j'ai mis le beurre à fondre, je suis toujours intriguée par la transformation lente qui s'opère après avoir versé la semoule dans le beurre fondu. Petit à petit, au fur et à mesure qu'elle absorbe le beurre, la semoule devient granuleuse et prend une belle teinte rose-orangé. Il faut pour cela ne pas arrêter de la remuer avec une spatule en bois.

Lorsque la semoule est bien cuite, j'ajoute le sucre que j'ai fait préalablement fondre avec un peu d'eau et dans lequel j'ai mis les épices et l'eau de rose. J'incorpore bien ce mélange à la semoule en continuant de cuire sur le feu pendant quelques minutes. Le gâteau est alors prêt.

Sans attendre, je verse la pâte ainsi obtenue dans un plat, rectangulaire de préférence, sur un bon centimètre d'épaisseur et je saupoudre le dessus avec les graines de sésame très légèrement grillées. L'opération doit être menée promptement car le gâteau se fige très vite.

Lorsque le halva est froid, je découpe de petits carrés de la taille d'une bouchée et je les dispose dans des caissettes en papier blanc qui viendront compléter le plateau des confiseries.

Pour 20/25 bouchées

100 g semoule, 75 g beurre, 200 g sucre en poudre, 30 cl eau, 3 cuillerées à soupe eau de rose, 1 cuillerée à café cardamome en poudre, $^{1}/_{4}$ cuillerée à café cannelle, 20 g graines de sésame.

13

UNE HISTOIRE D'IFRITES

Le jeune prince Lune-des-Temps se morfondait dans la tour où son père, le sultan, l'avait fait enfermer après qu'il se fut opposé violemment à son projet de le marier avec une riche héritière ; il avait même osé insulter le sultan son père en public devant tous les dignitaires de la cour. Il redoutait tant l'imposture et les ruses des femmes que rien ne parvenait à le faire changer d'avis. Mais un soir il advint que Maymoûna, une ifrite femelle issue de la lignée du diable et fille de l'un des plus puissants rois des djinns, fut prise d'une forte envie d'aller écouter la musique que font les étoiles accrochées à la voûte céleste. Quittant donc le vieux puits romain au fond duquel elle vivait pour aller faire un tour dans le ciel, elle fut attirée par la lumière inhabituelle qui scintillait au sommet de la tour. Elle s'approcha et se glissa à l'intérieur de la pièce où elle aperçut le jeune prince endormi sous un manteau de soie. Se glissant jusqu'à lui sans un battement d'ailes pour ne pas éveiller l'attention, son étonnement fut grand en découvrant le visage du prince rayonnant de beauté. Il était d'une grâce si parfaite que Maymoûna ne pouvait s'empêcher de le contempler. Elle resta ainsi pendant au moins une heure et lui déposa un baiser sur le front avant de reprendre son vol en direction du toit du monde.

Tandis qu'elle approchait de la voûte céleste, elle s'aperçut qu'un autre personnage prétendait hanter les mêmes lieux qu'elle. C'était Dannhache, un ifrite mâle de la plus vilaine espèce. Celui-ci comprit bien vite qu'il risquait de voir la fille du roi des djinns lui voler dans les plumes s'il ne parvenait pas à faire alliance avec elle. Il s'employa aussitôt à convaincre Maymoûna de l'innocence de ses intentions en proposant de lui raconter une histoire merveilleuse comme elle n'en avait jamais encore entendu. Et Dannhache commença son histoire. C'était la triste aventure d'une jeune et jolie princesse que tous les rois de la Chine, successivement, avaient demandée en mariage sans jamais parvenir à obtenir son accord. Tant et si bien que son père avait fini par la faire enfermer dans l'espoir de soigner ce qu'il considérait comme pure folie.

— Je vais la contempler toutes les nuits tant elle est belle, poursuit Dannhache, et je lui donne un baiser.

Ce récit fit beaucoup rire Maymoûna qui croyait entendre la propre histoire du prince

Lune-des-Temps. Les deux ifrites commencèrent alors à se chamailler méchamment pour déterminer lequel des deux jeunes gens l'emportait sur l'autre par sa beauté. Persuadée que l'élu de son cœur était de loin le plus beau, Maymoûna propose à l'ifrite mâle un pari, se met d'accord avec lui sur le prix à payer par celui qui perdra le pari et lui enjoint d'aller chercher la princesse afin de juger sur pièces. Mais, après que Dannhache eut ramené la princesse endormie sur ses ailes et l'eut déposée aux côtés du prince, les deux ifrites ne parvinrent pas davantage à se mettre d'accord.

Sur le conseil du vieux djinn Peau-d'Ecaille dont Maymoûna et Dannhache avaient fini par solliciter l'arbitrage, un nouveau plan fut mis au point en vue de départager les concurrents. Il fallait pour cela commencer par réveiller le jeune Lune-des-Temps. Se transformant aussitôt en puce, Maymoûna s'empressa de piquer le jeune homme en un point particulièrement sensible du corps. Lorsque celui-ci ouvrit les yeux, son étonnement fut grand de découvrir la jeune fille endormie à ses côtés. Il vit également que l'on avait disposé au pied de leur couche une table basse garnie de nombreux mets succulents, de candélabres d'argent surmontés de bougies parfumées au camphre et d'une coupe remplie de pétales de roses et de jasmin qui embaumaient toute la pièce. Il croyait rêver ! Mais reprenant ses esprits, Lune-des-Temps se dit que tout cela était beau et bon et s'employa à réveiller sa compagne. Or la jeune fille ne bougea pas. Il avait beau la couvrir de caresses, de baisers et de regards émerveillés, rien ne parvenait à la tirer de son sommeil*...

Dounyazade a fait un imperceptible mouvement de tête en direction de la fenêtre et la conteuse retient son souffle comme si elle venait d'apercevoir l'un de ces visages aux contours fantastiques qui hantent parfois les nuits et les songes. Ce n'était que l'image de la nuit sur le point de s'évanouir dans la clarté bleuissante de l'aube. Schéhérazade sait qu'elle doit interrompre maintenant son histoire. Mais aussitôt elle entreprend un autre récit, celui que sa complice attend avec gourmandise. Comme chaque matin dès les premières lueurs du jour, la belle sultane célèbre dans un long récitatif aux couplets toujours renouvelés les parfums et les saveurs propres à susciter les plaisirs de bouche et à donner aux gourmets et aux gourmands cette pointe d'esprit indispensable pour que la fête soit totale.

CAVIAR D'AUBERGINES

Tu connais bien sûr ce grand classique de notre répertoire culinaire, ô toi ma sœur si habile dans l'art d'offrir à tes convives, pour leur ouvrir l'appétit, une table joliment garnie de tout un assortiment de mets savoureux et rafraîchissants ! Cette manière de préparer les aubergines est d'ailleurs si appréciée que je n'hésite pas à la proposer en toutes circonstances, au quotidien comme dans les grandes occasions.

Tu préfères, je le sais, cuire les aubergines sur la braise... Leur saveur n'en est que meilleure, mais la chose n'est pas toujours aisée. La cuisson sous le gril du four peut aussi convenir. Quoi qu'il en soit, il convient de ne pas oublier de piquer la peau des aubergines avant de les griller pour éviter qu'elles n'éclatent. Lorsque l'aubergine est devenue bien molle et a perdu une partie de son eau, j'enlève toute la pulpe et je la hache le plus fin possible.

J'incorpore alors l'huile d'olive comme on le fait pour une mayonnaise, j'ajoute le jus de citron, l'ail écrasé, un peu de sel, et je mets au frais jusqu'au moment de servir. Parfois, j'aime donner au caviar d'aubergines une légère note sucrée en lui ajoutant un rien de miel.

Pour 4 personnes

4 aubergines, 4 ou 5 cuillerées à soupe huile d'olive vierge extra, $^{1}/_{2}$ citron, 1 gousse d'ail, sel, 1 cuillerée à café miel d'acacia (facultatif).

SARCELLE RÔTIE

La saveur parfumée de ce petit canard sauvage en fait un mets d'autant plus recherché qu'il n'est pas toujours aisé d'en dénicher pour qui ne dispose pas des moyens diaboliques réservés aux ifrites. Une simple grillade à la broche et un accompagnement de salade verte en vinaigrette suffisent à faire le bonheur des amateurs de gibier à plumes. Tu pourras aussi y adjoindre des figues ouvertes en forme de fleur, comme le fit la coquine Maymoûna pour célébrer à la manière du poète l'amour des jeunes gens.

Avant de l'embrocher, il convient de badigeonner la sarcelle à l'intérieur comme à l'extérieur avec le beurre fondu. L'utilisation de beurre clarifié permet d'éviter que le beurre ne noircisse lorsqu'il est porté à haute température. Je prépare celui-ci en faisant fondre doucement le beurre dans une casserole et en y ajoutant les grains de coriandre réduits en poudre, un peu de sel et du poivre.

J'enfourne à four très chaud et je laisse cuire pendant un petit quart d'heure, en prenant soin d'arroser de temps à autre la sarcelle avec le beurre aromatisé. La chair doit être cuite à point mais rester un tantinet rosée.

Au sortir du four, je déglace la lèche frite avec le jus d'orange et je filtre au chinois le jus ainsi obtenu. Je partage la sarcelle par le milieu et je dépose les deux morceaux arrosés du jus de cuisson sur des canapés, préalablement dorés à la poêle dans un peu de beurre clarifié. L'on peut aussi tartiner les canapés avec du foie de volaille préalablement cuit à la poêle dans un peu de beurre et écrasé finement avec de la moutarde.

Sur le plat de service, je dispose autour des morceaux de sarcelle les feuilles de salade finement coupées et assaisonnées de vinaigrette. Les figues à l'aigre-doux ouvertes en forme de fleur sur les morceaux de sarcelle font une savoureuse garniture.

Pour 2 personnes

1 sarcelle plumée et vidée, 100 g beurre clarifié, 10 grains de coriandre, sel et poivre, 1 orange, 2 cuillerées à soupe huile d'arachide, 1 cuillerée à café vinaigre de figues, 4 figues à l'aigre-doux, 4 tranches de pain, 2 foies de volaille, 1/2 cuillerée à café de moutarde.

FILET D'AGNEAU GRILLÉ

Ce morceau de choix que l'on prélève dans le carré d'agneau est si délicat que je le réserve pour des hôtes de marque ou pour des circonstances exceptionnelles comme celles qui ont présidé à la rencontre de rêve de notre couple princier. C'est une viande qui fond dans la bouche telle une friandise dont on aime à savourer longuement tous les parfums. Point n'est besoin d'une préparation compliquée qui viendrait masquer la saveur de la viande. La perfection est ici, comme bien souvent en gastronomie, synonyme de simplicité !

La viande sera meilleure encore si elle n'est point trop fraîche et si elle a séjourné au frais (5°) pendant quatre ou cinq jours.

Je préchauffe le four pendant tout le temps nécessaire pour obtenir la chaleur la plus forte possible. Ceci est essentiel pour réussir la cuisson. La viande doit être saisie de telle sorte qu'il se forme une enveloppe extérieure légèrement croustillante tandis qu'à l'intérieur la viande reste molle. Il est difficile d'indiquer la durée exacte de cuisson au four. Elle dépend du degré de chaleur de celui-ci. 10 à 15 minutes conviennent généralement. En fait, je retire la viande du four lorsque le filet est encore très saignant et je la laisse finir de cuire doucement dans la chaleur du plat. Ne pas oublier alors de saler et de poivrer.

Je découpe la viande en rondelles un peu épaisses. Pour préparer la sauce, je déglace le plat de cuisson avec un peu d'eau bouillante et j'ajoute une noisette de beurre.

En accompagnement, le filet d'agneau grillé s'accommode de toutes sortes de purées de légumes, telles que purée d'ail, purée de courge ou de pommes de terre.

Pour 2/3 personnes

500 g filet d'agneau, 50 g beurre, sel et poivre.

PURÉE DE COURGE

J'affectionne tout particulièrement ce légume dont le dessin et la couleur orangée sont un enchantement pour l'œil et dont la saveur légèrement sucrée réjouit le palais. Accommodée en purée, la courge a toute la délicatesse qui convient pour accompagner un filet d'agneau grillé. Les vrais gourmets y trouveront un plaisir d'autant plus raffiné que ce plat est, tu t'en doutes, d'une grande légèreté.

Une fois la courge pelée et épépinée, je la débite en petits cubes. Dans une casserole, je mets le sucre à fondre dans l'huile avec quelques gouttes d'eau jusqu'à ce qu'il prenne une belle couleur dorée. J'ajoute alors les morceaux de courge, les rondelles d'oignon et l'ail écrasé, le clou de girofle, un petit peu d'eau, et je laisse mijoter tout doucement pendant 30 à 35 minutes.

Lorsque les morceaux de courge commencent à se transformer en purée, je retire du feu et j'écrase la courge très finement. Puis, j'ajoute les œufs entiers bien battus et le jus de citron. Lorsque la purée est prête, je la verse dans de petits moules individuels et je mets à four chaud dans un bain-marie pendant 15 à 20 minutes.

Au moment de servir, je démoule les portions individuelles de purée sur le plat de service ou directement sur les assiettes et je décore avec un brin de persil.

Pour 4 personnes

1 kg courge (potiron), 4 cuillerées à soupe sucre en poudre, 1 oignon, 1 gousse d'ail, 2 cuillerées à soupe huile d'olive, 3 œufs, 1 clou de girofle, $^1/_2$ citron, sel et poivre de la Jamaïque, persil.

POIRES AUX ÉPICES

En conclusion d'un souper tout entier consacré à célébrer les délices et les plaisirs de la table, je te propose en guise de douceurs une poire enveloppée d'un délicat parfum d'épices. La saveur parfumée du fruit et sa consistance moelleuse en font un dessert qui ponctue avec élégance la fin d'un repas, mieux encore lorsqu'on l'accompagne d'un vin doux comme il est d'usage dans les vrais festins.

Je prépare dans une casserole assez large l'eau, le sucre, les épices, le citron non pelé et coupé en quatre. J'ajoute les poires entières simplement pelées sans enlever la queue et je mets sur le feu. Lorsque le liquide commence à frémir, je mets à tout petit feu pour qu'il continue de frémir sans bouillir pendant une quinzaine de minutes. Il faut que la chair du fruit devienne moelleuse tout en conservant à la poire sa fermeté apparente. Pour vérifier l'état de cuisson, je pique l'intérieur d'une poire à l'aide d'une petite tige métallique. Je laisse ensuite refroidir les poires dans le liquide.

Au moment de servir, j'égoutte soigneusement les poires et je les dispose sur le plat de service. Je les saupoudre de cassonade et je passe le tout sous un gril très chaud juste le temps nécessaire pour que le sucre caramélise et pour que le fruit se réchauffe légèrement. Tiédie et caramélisée, la poire n'en est que plus savoureuse. On peut aussi ajouter autour des fruits une sauce au caramel tiède. C'est alors un dessert proprement royal.

J'accompagne le service de quelques pâtisseries ou confiseries selon le goût de chacun.

Pour 4 personnes

4 belles poires, 1 l eau, 125 g sucre en poudre, 1 citron vert, 1 clou de girofle, 1 gousse de vanille, $^{1}/_{2}$ cuillerée à café cannelle, $^{1}/_{4}$ cuillerée à café noix muscade râpée, 1 étoile de badiane, 2 cm gingembre frais, 4 cuillerées à soupe cassonade.

GÂTEAU DE SEMOULE

Tu es peut-être surprise de découvrir que ce type de gâteau peut avoir lui aussi sa place sur la table des pâtisseries préparée à l'intention de nos jeunes amoureux. Encore une ruse d'ifrite ! me diras-tu… Pas précisément, mais plutôt une délicate attention de l'inénarrable Maymoûna qui ne néglige jamais aucun détail ! Il s'agit en effet de l'une de ces nourritures à la fois légères et reconstituantes que l'on se plaît à savourer au petit matin en prévision de quelque performance sportive ou bien tout simplement pour se remettre de fatigues accumulées au cours de la soirée ou de la nuit…

Dans un premier temps, je fais griller la semoule dans une sauteuse avec une noix de beurre jusqu'à ce qu'elle prenne une couleur légèrement rosée. Je fais ensuite bouillir le lait et, lorsqu'il bout, je verse la semoule grillée en pluie fine en tournant sans cesse pour que le mélange se fasse de manière homogène.

Lorsque la semoule devient assez épaisse, je retire du feu pour incorporer la cannelle, le zeste râpé, les dattes hachées et le miel. Je remets quelques minutes sur le feu, juste le temps nécessaire pour que la semoule épaississe complètement.

Au sortir du feu, j'incorpore le reste du beurre et je verse dans le plat de service. Sur le dessus, je dispose les amandes grillées au four et concassées.

Le plus souvent, je sers le gâteau après l'avoir mis au frais pendant plusieurs heures. Certains préfèrent le déguster tiède pour en apprécier plus complètement tous les parfums.

Pour 4 personnes

$^1/_2$ l lait, 100 g semoule, 50 g beurre, 100 g dattes, $^1/_4$ cuillerée à café cannelle, $^1/_2$ citron, 4 cuillerées à soupe miel, 50 g amandes.

14

LE PRIX DE LA SÉDUCTION

Alors qu'il séjournait dans la Cité des Mages où l'avaient conduit d'invraisemblables histoires de famille hélas bien réelles, un jeune prince dit Chanceux se rendit un jour aux bains. Sur le chemin du retour, il croisa une jeune femme dont le regard s'enflamma aussitôt à la vue du jeune homme dont la beauté était parfaite. Ayant ôté le voile de son visage, elle se jeta littéralement dans ses bras, le pressant de la conduire chez lui. Chanceux s'efforçait de continuer son chemin mais il ne parvenait pas à se débarrasser de l'importune amoureuse. Ils arrivèrent ainsi devant une grosse bâtisse dans laquelle la jeune femme prétendit entrer, croyant que là était la demeure de Chanceux. Mais la porte était fermée à clé. Pour expliquer qu'il n'avait pas la clé, Chanceux se prit à dire que son serviteur l'avait emportée avec lui en allant au marché. La jeune femme ne s'avoua pas vaincue pour autant et entreprit de faire sauter la serrure. Le malheureux Chanceux était consterné devant le tour que prenaient les événements et ne savait comment échapper à l'issue fatale qu'il entrevoyait.

Les jeunes gens entrèrent donc dans la maison et trouvèrent là une pièce aux vastes dimensions, richement décorée de tentures de soie et de coussins, dans laquelle une table garnie de mets savoureux et fumant encore avait été préparée. Comme si le maître de maison attendait quelque hôte de qualité. Un parfum où se mêlaient des senteurs de fleurs et d'aromates embaumait la pièce. Mise en joie par leur découverte, la jeune femme félicitait Chanceux de lui avoir réservé une aussi agréable surprise, alors qu'il prétendait avoir envoyé son serviteur faire le marché. Celui-ci était pâle et défait. Il s'attendait au pire ! Tandis que la jeune femme était tout entière occupée à savourer les différents mets qui étaient servis, Chanceux perçut un léger bruit du côté de la porte. Il s'éclipsa alors discrètement pour tenter d'aller s'expliquer avec le maître de maison avant que n'éclate le drame. Or celui-ci, prénommé al-Adlami, était un émir attaché aux écuries du sultan qui entretenait cette maison spécialement pour des banquets avec, disait-il, “des personnes passionnées d'amour”. C'était un homme de bonne compagnie. Il fut ému par toute l'histoire que lui raconta Chanceux, se prit d'affection pour lui et proposa d'entrer dans le jeu en prenant le rôle du valet que la jeune femme s'attendait à voir revenir du marché.

Remerciant le ciel de cet heureux dénouement, Chanceux s'en revint le cœur léger trouver la belle. Il fit comme il avait été convenu, rudoya al-Adlami lorsqu'il se présenta dans le grand salon, lui reprochant violemment de s'être attardé dans les tavernes du marché, et continua de festoyer avec la jeune femme jusque tard dans la nuit. Le prince-serviteur s'empressait auprès des jeunes gens, apportant sur la table à l'heure du dessert des coupes garnies de roses et de jasmin et leur présentant toutes sortes de gâteaux et de fruits. Il leur servit même du vin vieux. Puis, il prépara un lit pour le jeune couple avec tout le raffinement qui lui était familier en pareilles circonstances et se retira discrètement.

Or, tandis que les amoureux s'apprêtaient à gagner la chambre, la jeune femme qui avait bu plus que de raison se mit à exiger de Chanceux qu'il inflige au préalable à son serviteur un véritable châtiment, et non de simples remontrances comme il l'avait fait. Elle voulait sa tête, rien de moins, sans quoi, disait-elle, elle ne pourrait connaître le plaisir. Comment parvenir à chasser de l'esprit de cette maudite femme d'aussi funestes intentions ? Chanceux dont tous les arguments restaient sans effet en était là de ses réflexions lorsqu'il vit la jeune femme se saisir d'un sabre qui était accroché au mur et partir en direction de la chambre où dormait le prince-serviteur*...

— Schéhérazade, ô ma sœur bien-aimée, chuchota Dounyazade à ses côtés, je t'en supplie, arrête là ton histoire. C'est l'heure où les conteuses de la nuit s'évanouissent pour laisser au rêve le temps de devenir réalité.

La belle sultane fit comme il avait été convenu et, pour la plus grande joie de sa complice, elle entreprit alors de lui conter, avec tous les détails dont elle a le secret, comment l'émir connétable régala ses hôtes d'un soir.

PANACHÉ DE POISSONS AU SAFRAN

Lorsque tu souhaites réserver un plaisir raffiné à tes hôtes, je ne saurais trop te conseiller d'associer en un même plat plusieurs poissons de nature différente. Ainsi, la combinaison d'un poisson gras et d'un poisson maigre crée une harmonie de saveurs tout à fait subtile dès lors que chacun fait l'objet d'une cuisson appropriée. Le choix des mélanges possibles est multiple et laisse à l'imagination un champ très large pour adapter la composition du mélange au caractère du repas comme aux ressources du marché. De même qu'une seule touche de couleur judicieusement placée peut modifier l'équilibre d'une toile, de même une combinaison harmonieuse de poissons peut à elle seule offrir une saveur inégalée ! N'hésite pas ici encore à donner libre cours à tes talents d'artiste…

Comme tu l'as deviné, le choix du poisson commande le mode de cuisson. Pour un poisson gras comme le saumon frais, j'adopte toujours une cuisson à feu vif afin de saisir la chair du poisson. Je découpe donc chaque tranche de saumon, une fois débarrassée de sa peau, en petits cubes. Je sale et je poivre avant de jeter les cubes de poisson dans une sauteuse très chaude avec une noisette de beurre. La cuisson doit être menée très rapidement. 2 à 3 minutes suffisent dès lors que le saumon choisi est de bonne qualité et ne rend pas d'eau.

En revanche, je préfère cuire à la vapeur les filets de rascasse ou de loup. Là encore, 2 ou 3 minutes suffisent si l'on veut conserver au poisson toute la saveur de la mer.

Les vrais amateurs de poisson choisissent souvent de déguster les poissons sans autre apprêt qu'un accompagnement de quelques feuilles de salade assaisonnées d'une bonne huile, d'un jus de citron et de morceaux de mangue à l'aigre-doux.

Une petite sauce parfumée au safran peut aussi accompagner agréablement ce type de poissons. Il convient pour cela de préparer un fumet de poisson avec des têtes et des parures de poissons que le poissonnier a coutume de fournir gracieusement. Je les mets à bouillir doucement dans de l'eau avec l'oignon, la carotte coupée en morceaux, thym, laurier, sel et poivre et je laisse réduire longuement le liquide pour obtenir environ 15 cl de fumet. Après avoir filtré le mélange au chinois, j'ajoute la crème fraîche ainsi que le safran, et je laisse bouillir doucement pendant une dizaine de minutes. Juste avant de servir, une noix de beurre manié ajoutée à la sauce lui donne une consistance plus onctueuse.

Pour 4 personnes

2 belles tranches de saumon frais, 250 g filet de rascasse (ou loup), 20 g beurre, sel et poivre.
Pour la sauce : 400 g têtes et parures de poissons, 1/2 oignon, 1 carotte, laurier et thym, 20 cl crème fleurette, 5 ou 6 filaments de safran, 20 g beurre, 1 cuillerée à café farine.

MOUSSAQQÂ'A D'AUBERGINES

C'est depuis toujours l'un de mes plats favoris. Et, dans les grandes circonstances, je lui ajoute une parure de fête pour le bonheur des gourmets. Aujourd'hui, tu le sais, ce plat a largement débordé les frontières du royaume ! De l'autre côté de la Méditerranée, on y met aussi une préparation à base de lait qui est de nature, me semble-t-il, à alourdir quelque peu le mets. Juge plutôt par toi-même, ô toi ma sœur qui affectionnes les plaisirs délicats.

Tu connais bien sûr l'art et la manière de frire les aubergines après les avoir mises au sel pendant une petite heure pour les débarrasser de leur eau. Je te recommanderai simplement, pour obtenir des aubergines qui ne soient point trop huileuses, de découper des tranches assez fines et de les frire jusqu'à ce qu'elles prennent une teinte doré foncé. Tu les laisseras ensuite reposer sur du papier absorbant.

Je cuis ensuite à feu vif la viande coupée en cubes pendant quelques minutes dans la poêle qui a servi à frire les aubergines, sans cesser de remuer et je réserve. Toujours dans la même poêle, je fais alors revenir l'oignon finement émincé et, avant qu'il ne blondisse, j'ajoute les tomates pelées et épépinées avec l'ail écrasé, le sel, le sucre, le poivre et l'origan. Lorsque les circonstances s'y prêtent ou à l'occasion d'un souper galant, je glisse un petit piment rouge.

Je laisse mijoter doucement les tomates pendant une quinzaine de minutes.

Il faut par ailleurs cuire au four l'aubergine gardée en réserve afin d'en retirer la pulpe. Ecrasée finement, la pulpe d'aubergine est incorporée, ainsi que la viande d'agneau hachée grossièrement, aux tomates.

Je laisse mijoter doucement le tout pendant encore une quinzaine de minutes. Cette préparation un peu longue, j'en conviens, ajoute au plat une note savoureuse. Elle peut toujours être faite à l'avance.

Lorsque tous les ingrédients sont prêts, je prends une terrine (ou des ramequins individuels) dont je badigeonne le fond avec un peu d'huile avant de saupoudrer de chapelure. Puis, je dispose une première couche d'aubergines frites, une couche de viande mélangée à la pulpe d'aubergine et un peu de chapelure, et ainsi de suite en terminant par une couche d'aubergines. Je couvre et j'enfourne à four chaud dans un bain-marie. La moussaqqâ'a doit mijoter ainsi pendant une trentaine de minutes. Au sortir du four, je laisse refroidir quelques minutes avant de démouler et de servir la moussaqqâ'a encore chaude mais non brûlante.

La sauce aux poivrons, dont je te propose de napper la moussaqqâ'a un jour de fête, ajoute une note raffinée. J'y adjoins quelquefois aussi une pointe sucrée en servant en même temps une compote d'échalotes.

Pour préparer la sauce, je commence par blanchir les poivrons pendant quelques minutes dans l'eau bouillante, puis je les épépine et les coupe en quartiers avant de les faire revenir avec des échalotes dans le beurre. Je réduis ensuite la chair des poivrons en purée et j'ajoute la crème fraîche, sel et poivre ; je laisse mijoter doucement pendant une vingtaine de minutes. Au sortir du feu, j'ajoute le beurre et je passe la sauce au travers d'un chinois très fin pour la débarrasser des peaux des poivrons totalement indigestes, ainsi que des quelques graines qui pourraient subsister.

Il convient de tenir la sauce au chaud et d'en napper le gâteau d'aubergines au moment de servir.

Pour 4 personnes

1 kg aubergines, 2 aubergines cuites à part, 300 g gigot d'agneau haché, 1 oignon, 500 g tomates fraîches, 2 gousses d'ail, 1 cuillerée à soupe origan, sel et poivre, 1 morceau sucre, 3 cuillerées à soupe chapelure, 25 cl huile d'olive.
Pour la sauce : 3 poivrons rouges, 3 échalotes, 20 g beurre, 15 cl crème fraîche, sel et poivre.

CAILLES AUX RAISINS

Les habitants de la Cité des Mages étaient grands amateurs de cailles. Ils les capturaient au filet dans les vignes d'alentour où elles sont friandes de grains de raisin. Ils en remplissaient leurs volières en prévision des festins, grands ou petits, dont ils raffolaient. Dodue, savoureuse et délicate, la caille rôtie sur canapé s'impose au menu d'un souper galant. Le prince-serviteur qui connaissait par cœur le répertoire de la galanterie, tu t'en serais doutée, avait sacrifié au rite sans négliger aucun des produits susceptibles de mettre en valeur la saveur de la caille !

Avant de songer à faire cuire les cailles, il convient de faire tremper pendant une trentaine de minutes les raisins secs dans le marc de raisin très légèrement chauffé. Je prélève alors quelques raisins que je concasse grossièrement et malaxe avec la moitié du beurre et les cinq-épices avant d'en farcir l'intérieur des oiseaux. Ne néglige pas de recoudre les cailles afin d'empêcher la farce de s'échapper pendant la cuisson.

Après les avoir bridées, je fais dorer les cailles dans une cocotte avec l'huile et, lorsqu'elles ont pris une belle teinte, je les flambe avec le marc de raisin, puis je retire de la cocotte. Je te conseille de déglacer au vin blanc et d'ajouter de la crème fraîche, sel et poivre, et de laisser mijoter doucement. Ce n'est pas indispensable, mais on obtient ainsi une sauce délicieuse dans laquelle les raisins frais, pelés et épépinés, et le reste des raisins secs pourront mijoter à leur tour en libérant leur arôme.

Par ailleurs, je prépare les petits oignons qui doivent cuire très doucement dans le vin blanc et le sucre jusqu'à ce qu'ils soient confits.

La cuisson des cailles au four est très rapide. Une quinzaine de minutes suffisent.

J'enfourne dans un four chaud et j'arrose une ou deux fois pendant la cuisson avec un peu d'eau pour éviter que la chair de l'oiseau ne se dessèche.

Au sortir du four, je dresse les oiseaux sur des tranches de pain préalablement revenues dans du beurre clarifié et je dispose tout autour le mélange de raisins frais et de raisins secs, ainsi que les oignons confits.

Pour 4 personnes

4 belles cailles, 250 g raisins secs sans pépins, 5 cl marc vieux, 400 g raisins blancs frais, 300 g petits oignons, 60 g beurre, 40 cl vin blanc doux (sauternes), 5 morceaux de sucre, 10 cl crème fraîche, 1 cuillerée à soupe huile, 1/4 cuillerée à café cinq-épices, 4 tranches de pain, sel et poivre.

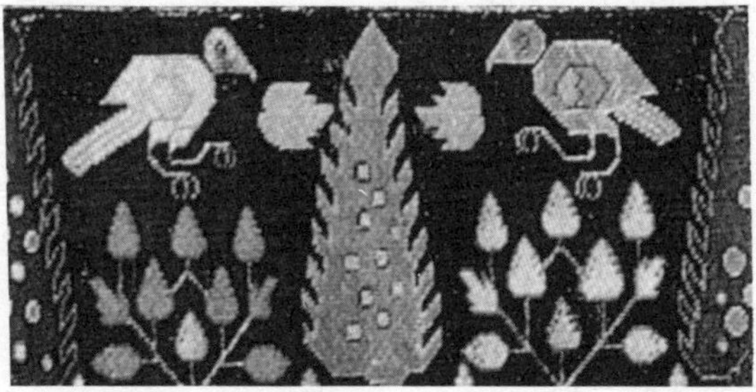

PURÉE D'ARTICHAUTS

Tu connais la prédilection que nous avons tous pour cette ancienne fleur du désert. Elle est devenue aujourd'hui, grâce aux soins habiles que lui prodiguèrent jardiniers et maraîchers, un légume fort recherché par les amateurs des plaisirs de la table. Parmi les nombreuses manières d'accommoder les artichauts qui permettent d'en apprécier la saveur légèrement âcre tout en conservant la petite note sucrée qu'ils libèrent en arrière-goût, je te propose celle-ci qui ne manque pas d'élégance.

Comme tu l'as déjà deviné, je n'utilise que les cœurs d'artichauts. Avant de les cuire, il convient d'ôter toutes les feuilles et le foin, de frotter avec un morceau de citron chaque cœur et de le plonger aussitôt dans une bassine d'eau froide citronnée pour éviter qu'il ne noircisse au contact de l'air.

Dans une grande marmite, je délaie la farine avec l'eau et j'ajoute à ce mélange le jus de citron, l'huile et le sel. Cette préparation traditionnelle pour la cuisson des artichauts permet de leur conserver une belle couleur. Lorsque le mélange vient à ébullition, j'y plonge les cœurs d'artichauts pour qu'ils y cuisent doucement pendant 25 à 30 minutes selon leur degré de fermeté. Ils doivent devenir moelleux pour pouvoir être mis ensuite en purée.

Après avoir égoutté les cœurs d'artichauts, je les écrase finement et j'incorpore petit à petit la crème fraîche. Je remets sur le feu pendant une quinzaine de minutes environ. Si la purée paraît trop épaisse, on peut la détendre en ajoutant un peu de bouillon.

Au moment de servir, j'ajoute le beurre en lui laissant juste le temps de fondre.

Pour 4 personnes

8 beaux artichauts, 25 cl crème fraîche, 30 g beurre, 1 citron, 10 cl bouillon (facultatif).
Pour le fond de cuisson : 2 l d'eau, 2 cuillerées à soupe farine, 2 citrons, 2 cuillerées à soupe huile, 1 cuillerée à soupe sel.

CONFITURE DE PÉTALES DE ROSES

Avoue que tu t'attendais à voir servir en de tels lieux, après le souper, cette savoureuse confiserie que les dames affectionnent tant. Comme si sa seule évocation faisait entrevoir les délices de l'amour ! Le parfum qu'exhale un panier de pétales de roses fraîchement cueillies est si délicat qu'il sollicite tous les sens. L'envie d'y goûter, peu à peu, se fait plus forte et devient irrésistible. Il suffira alors de beaucoup de sucre et d'un peu d'eau pour transformer les pétales de fleur en une pâte délicieusement confite dont la magie est souveraine.

Pour réaliser cette confiserie très rare, je te conseille de choisir la rose de Damas *(Rosa damascena)*, dite aussi rose de Provins depuis que les rescapés des croisades la rapportèrent en pays franc. C'est en principe la seule qui convient.

On commence donc par mettre ensemble à macérer dans une grande bassine les pétales de fleur, le jus d'un citron et le sucre. J'ajoute ensuite l'eau et je mets sur le feu pendant environ 45 minutes pour que les pétales deviennent confits.

J'ajoute alors l'autre jus de citron et je laisse reprendre un bouillon avant de retirer du feu. Hors du feu, je mets l'eau de rose.

Selon le goût de chacun, il est possible de servir les pétales de roses ainsi confits ou bien de les transformer en une pâte moelleuse en les écrasant alors finement dans un mortier. Je verse la confiture dans les coupes de présentation sans attendre qu'elle soit refroidie.

Pour 3 petites coupes

200 g pétales de roses, 300 g sucre en poudre, 2 citrons, 2 verres d'eau, 3 cuillerées à soupe eau de rose.

15

AU PALAIS DES EFFIGIES

Dans un délicieux jardin situé à l'écart du palais, le sultan s'était fait construire un pavillon de musique où il aimait à passer des soirées en compagnie de poètes et de musiciens. Le vieux cheikh Ibrâhîm, préposé à la garde du palais des Effigies et de son jardin, avait reçu l'ordre de n'y laisser jamais pénétrer personne. Or, il advint qu'au cours de l'une de ses tournées, le gardien découvrit un jeune couple endormi sur un banc de pierre au fond du jardin. Séduit par la beauté éclatante de Nour-al-Dine et de sa compagne Doux-Langage, il ne put se décider à chasser les visiteurs importuns. Bien au contraire, il invita les jeunes gens à visiter le jardin dont il se disait l'heureux propriétaire et dont les arbres couverts de fleurs et de fruits abritaient toutes sortes d'oiseaux. Le jeune couple trouva l'endroit si merveilleux que Nour-al-Dine proposa au cheikh Ibrâhîm de lui offrir un bon repas s'il acceptait de leur ouvrir l'accès au pavillon en rotonde dont toutes les fenêtres donnaient sur le jardin. Enchanté par la seule perspective de festoyer en agréable compagnie, le vieux gardien s'empressa d'accepter et proposa d'aller faire lui-même les achats nécessaires. Il connaissait, dit-il, un vieux pêcheur qui chaque jour rapportait au port de l'excellent poisson.

— Sans oublier la boisson ! avait ajouté le jeune homme en glissant quelques pièces d'argent dans la main du vieillard pour vaincre ses dernières réticences d'homme sage qui prétend tout ignorer du plaisir de boire.

A son retour, le cheikh Ibrâhîm fit aux jeunes gens les honneurs du palais des Effigies, leur donna les clés des coffres à vaisselle et, pendant que ceux-ci dressaient un élégant buffet, il s'en alla dans le jardin cueillir des fruits et de grandes brassées de fleurs embaumées.

Lorsque les trois compagnons eurent achevé le repas, les jeunes gens commencèrent à boire de ce vin clairet que leur hôte avait accepté d'acheter. Coupe après coupe, ils devenaient de plus en plus gais et tout leur était prétexte pour s'amuser. Tant et si bien qu'ils en vinrent à imaginer une ruse qui ferait oublier au cheikh Ibrâhîm sa promesse de ne jamais boire. Et, lorsque enfin le vieux gardien se décida à partager leurs libations, la fête fut complète. Celui-ci, à son tour, sombra bientôt dans un état qui n'avait rien à envier à l'ébriété. A peine eut-il la force de se récrier lorsque Nour-al-Dine se mit dans la tête d'allumer tous les candélabres et d'ouvrir grandes les quarante fenêtres du salon en rotonde afin de respirer les effluves odoriférants qui montaient du jardin.

Il advint alors que le calife en son palais, jetant un regard par la fenêtre, aperçut soudain, au loin, les illuminations du palais des Effigies. Intrigué et furieux à la fois de ne pas avoir été informé de ce qui pouvait s'y passer, il convoqua aussitôt son vizir. Mais celui-ci fut incapable de lui répondre autrement que par de vagues bredouillages à propos d'une grande fête de famille organisée par le cheikh Ibrâhîm. Le calife décida alors de se rendre sur place, accompagné de son vizir et d'un domestique, pour constater de lui-même ce qu'il en était et participer à la fête. Une fois dans le jardin, il entreprit de grimper dans un arbre d'où il pourrait observer l'intérieur du salon sans être vu*...

Doucement bercée par la voix de la conteuse, Dounyazade s'était laissée aller à une légère somnolence toute peuplée des parfums de la nuit et des bruissements de la fête. Mais déjà le charme se brisait tandis qu'une imperceptible clarté métallique annonçait l'aube naissante. Schéhérazade s'était tue. L'heure était venue où elle ne songeait plus qu'à faire le bonheur de la complice de ses nuits en lui racontant, sur un mode léger et savoureux, les mille et un secrets des mets préparés à l'intention des héros de ses fables.

PURÉE D'AVOCAT

Avec son parfum d'exotisme et sa couleur cœur de pistache à nulle autre pareille, l'avocat apporte cette note élégante que l'on aime donner au plateau des hors-d'œuvre lorsqu'il se pare d'un petit air de fête. Et, tu sais mieux que moi encore, ô ma sœur très chère, combien ce fruit s'accommode des préparations les plus simples pour mettre en relief la saveur particulièrement fine de sa chair. Celle que je te propose ici est si facile à réaliser que tu n'hésiterais pas, j'en suis certaine, à l'entreprendre même en dernière minute le jour où quelque hôte de marque se présenterait à ta porte.

La confection de la purée ne demande aucun tour de main particulier. Il suffit de choisir des fruits mûrs à point et d'en écraser finement la pulpe. Je t'avouerai tout de même que je préfère souvent choisir un avocat qui n'est pas tout à fait à point de sorte que la purée conserve alors de petites particules de pulpe qui apportent à la consistance molle de celle-ci quelques noyaux de résistance fort agréables au palais.

J'incorpore ensuite à la purée la tomate pelée et épépinée jusqu'à ce qu'elle se fonde complètement dans la chair d'avocat. En revanche, le persil haché dont la couleur vert foncé souligne celle de la pulpe d'avocat reste très présent même après l'avoir mélangé intimement à la purée.

Et pour terminer, je mets l'assaisonnement fait de jus de citron, sel et poivre, et d'une petite pointe de piment. Point trop n'en faut pour ne pas masquer la saveur de l'avocat.

Je mets au frais pendant 1 ou 2 heures et je sers directement dans le plat des hors-d'œuvre aux côtés d'un caviar d'aubergines, d'une purée de pois chiches, de poivrons confits et de bien d'autres salades.

Pour 4/6 personnes

2 avocats, $^{1}/_{2}$ tomate, $^{1}/_{2}$ citron, 2 cuillerées à soupe persil haché, sel et poivre, 1 pointe de poivre de Cayenne.

POISSON GRILLÉ A LA SAUCE DE SÉSAME

Un poisson fraîchement sorti de l'eau comme celui que le vieux cheikh Ibrâhîm était allé chercher chez son ami le pêcheur libère tous les parfums de la mer dès lors qu'on l'apprête de la manière la plus simple. Une grillade rapide sur des braises incandescentes est le mode de cuisson que je privilégie souvent, quitte à prévoir un accompagnement de sauce ou de légumes confits pour donner au plat un petit air de grande cuisine. Le léger goût de noisette de la crème de sésame s'allie particulièrement bien à la saveur du poisson grillé.

Avant de griller le poisson, j'incise sa chair en plusieurs endroits et je badigeonne tout le poisson d'huile d'olive additionnée de sel et de poivre à l'aide d'un pinceau. Ainsi préparé, le poisson peut être posé sur le gril et mis à cuire. Lorsque l'on dispose d'un foyer de braises très chaud, 5 à 6 minutes de chaque côté suffisent. Sous le gril d'un four, il faut compter un peu plus longtemps.

Pour vérifier la cuisson, je te conseille d'utiliser, comme font les professionnels, une pique en fer que l'on plante dans la partie la plus charnue du poisson et que l'on porte ensuite contre sa lèvre. Le fer doit être chaud mais non brûlant.

La sauce, qu'il est préférable de préparer à l'avance pour pouvoir servir le poisson dès qu'il est prêt, est faite en diluant la crème de sésame avec le jus d'un citron et un peu d'eau froide jusqu'à ce qu'elle obtienne une consistance suffisamment fluide. J'y ajoute ensuite l'ail écrasé et le persil haché. C'est tout, c'est simple et c'est savoureux.

Sur le plat de service, je dispose le poisson grillé entouré de la sauce et de quartiers de citron.

Pour 3/4 personnes

1 kg loup, 2 cuillerées à soupe huile d'olive, 2 cuillerées à soupe crème de sésame (tahina), 2 citrons, $^1/_2$ gousse d'ail, 1 cuillerée à soupe persil haché, sel et poivre.

AGNEAU CONFIT AU CITRON

Le poète, tout comme l'artiste, ignore le temps qui passe tandis qu'il s'adonne tout entier à sa passion. Il en va différemment en cuisine, diras-tu non sans quelques bonnes raisons. Ici, l'horloge impose souvent sa loi. Et pourtant ! Comment résister à l'envie de mitonner longuement une viande d'agneau au citron lorsque l'on connaît le plaisir sans égal qu'un agneau confit réserve aux amateurs de saveurs à la fois douces et acidulées ? Il suffit au fond d'avoir l'âme de l'alchimiste qui, une fois ses manipulations terminées, laisse s'opérer la fusion des éléments.

La mise en train de la cuisson exige en réalité peu de temps. Il faut commencer par couper la viande en petits cubes d'environ 3 centimètres en prenant soin d'enlever le plus possible de parties grasses. Je fais ensuite revenir les morceaux de viande dans l'huile jusqu'à ce qu'ils soient bien dorés sur toutes les faces et je mets de côté. Dans la cocotte, je mets alors le sucre à fondre dans le jus libéré par la viande et, lorsqu'il commence à prendre une coloration dorée, j'ajoute le jus d'un citron, l'ail écrasé, l'oignon haché menu et préalablement revenu quelques minutes dans un peu d'huile, le sel et les épices. Je remets les morceaux de viande en les mélangeant bien au suc caramélisé qui s'est formé, et j'ajoute au besoin un petit peu d'eau.

A partir de ce moment-là, il faut compter 1 heure de cuisson à tout petit feu. Je surveille néanmoins de temps à autre pour pouvoir ajouter éventuellement un petit peu d'eau.

Au bout d'une heure donc, j'ajoute le reste du jus de citron ainsi que les citrons confits coupés en deux et je mets à cuire au four dans une terrine couverte pendant au moins 1 heure. Quand la viande devient littéralement confite et se défait un peu, l'agneau est prêt à servir.

En accompagnement, je ne saurais trop te recommander de servir de petits légumes eux-mêmes confits dans le citron.

Pour 4 personnes

1 kg gigot d'agneau, 2 cuillerées à soupe huile d'olive, 3 cuillerées à soupe sucre en poudre, 1,5 citron, 1 gousse d'ail, 1 oignon, $^1/_2$ cuillerée à café gingembre en poudre, sel et poivre, 2 citrons confits.

CONFIT DE LÉGUMES AU CITRON

Cette manière d'accommoder ensemble plusieurs légumes dont les saveurs et les parfums sont en parfaite harmonie réserve un réel bonheur. L'assaisonnement au citron en fait l'accompagnement parfait d'un plat de viande ou de poisson dans lequel la saveur acidulée du citron a sa place. La recherche de l'harmonie des saveurs n'est-elle pas l'une des règles d'or de la gastronomie comme il en est précisément de tous les plaisirs esthétiques ? Tu le sais mieux que quiconque, ô toi ma sœur qui pratiques avec art le raffinement en toutes circonstances.

La préparation de ce confit de légumes réserve déjà en cuisine un grand plaisir tant il est facile d'obtenir le résultat escompté. Après avoir lavé, épluché et coupé en petits morceaux tous les légumes, il suffit de les mettre en cocotte avec l'huile et de les faire sauter 2 ou 3 minutes à feu vif. Ensuite, j'ajoute le jus de citron, le citron vert non pelé et coupé en quartiers, l'ail écrasé et les graines de fenouil. Je couvre la cocotte et je mets à tout petit feu pendant une bonne heure. Les légumes doivent mijoter doucement pour devenir véritablement confits dans le jus de citron après avoir perdu la plus grande partie de leur eau. Il convient néanmoins de veiller à ce qu'ils ne se transforment pas en purée.

J'attends que la cuisson soit déjà très avancée pour mettre l'assaisonnement de persil haché, de sel et de poivre.

On peut aussi compléter le mélange de légumes en ajoutant des fonds d'artichauts dont la saveur s'allie parfaitement à celle du fenouil, du céleri et du citron. Comme tu l'as deviné, l'on obtient ainsi une composition capable de faire chanceler les cœurs sensibles.

Pour 5/6 personnes

1 pied de céleri-rave, 2 pieds de fenouil, 4 petits navets, 4 fonds d'artichauts (facultatif), 3 gousses d'ail, 1 citron vert, $^{1}/_{2}$ citron, 1 cuillerée à café graines de fenouil, 2 cuillerées à soupe persil haché, 3 cuillerées à soupe huile d'olive, sel et poivre.

POMMES SAUCE CARAMEL

Je savais que la seule évocation du caramel ferait briller ton regard d'un éclat plus vif, ô toi ma sœur pour qui la gourmandise n'a plus beaucoup de secrets maintenant ! Il manquait encore à ton répertoire ces pommes dont la saveur est doublement caramélisée si je puis dire. Empresse-toi d'y goûter, ton palais de gourmet y trouvera un vrai bonheur.

Après avoir pelé et découpé les pommes en quartiers, je les citronne légèrement. Elles évitent ainsi de prendre une vilaine teinte oxydée. Dans une sauteuse à large fond, je mets les morceaux de sucre avec un peu d'eau et je fais bouillir à feu vif jusqu'à ce que le mélange vire au blond doré annonciateur du caramel. A cet instant précis, je jette les quartiers de pommes dans le caramel et, à l'aide d'une cuillère en bois, je mélange bien pour enrober complètement de caramel chaque morceau de pomme. J'ajoute éventuellement un peu de cannelle et je laisse cuire doucement à peine une dizaine de minutes. La pomme doit devenir moelleuse mais ne pas se briser. Je retire du feu et laisse tiédir avant de servir.

Pour la sauce, je prépare un second caramel, comme je l'avais annoncé ! Puis, lorsque celui-ci se manifeste par une belle couleur dorée, j'arrête sa cuisson en ajoutant la crème fraîche froide. Il convient de tourner énergiquement pour que le mélange s'opère. Je laisse cuire ensuite doucement pendant une dizaine de minutes.

Je dispose dans le plat de service les fruits entourés de la sauce caramel et je sers tiède. On peut aussi ajouter une note croustillante en saupoudrant les fruits de cassonade et en passant le plat 1 minute sous un gril très chaud.

Pour 4 personnes

4 pommes, 1 citron, 18 morceaux de sucre, $^1/_4$ cuillerée à café cannelle (facultatif), 3 cuillerées à soupe cassonade (facultatif).
Pour la sauce : 15 morceaux de sucre, 10 cl crème fraîche.

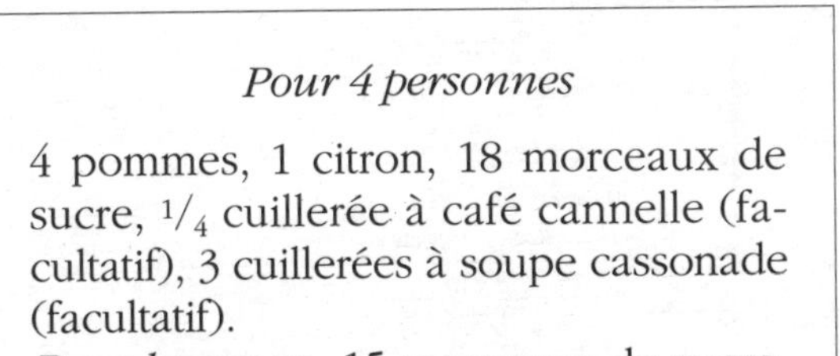

NOTES BIBLIOGRAPHIQUES

Références au texte des Mille et Une Nuits, *établi sur les manuscrits originaux par René R. Khawam, Phébus, 1986-1987 :*

P. 24 : t. I, p. 309 ;
p. 25 : t. I, p. 33 *sq.* ;
p. 31 : t. IV, p. 147 *sq.* ;
p. 49 : t. IV, p. 29 *sq.* ;
p. 61 : t. IV, p. 285 *sq.* ;
p. 75 : t. II, p. 170 *sq.* ;
p. 90 : t. I, p. 367 *sq.* ;
p. 106 : t. I, p. 112 *sq.* ;
p. 121 : t. II, p. 137 *sq.* ;
p. 137 : t. I, p. 197 *sq.* ;
p. 154 : t. III, p. 134 *sq.* ;
p. 167 : t. II, p. 320 *sq.* ;
p. 181 : t. II, p. 333 *sq.* ;
p. 199 : t. I, p. 224 *sq.* ;
p. 216 : t. III, p. 200 *sq.* ;
p. 232 : t. III, p. 345 *sq.* ;
p. 250 : t. III, p. 60 *sq.*

REMERCIEMENTS

A Jean-André Charial et à son grand-père Raymond Thuilier, qui m'ont accueillie si chaleureusement dans les cuisines de l'*Oustau de Baumanière* pour y apprendre quelques principes essentiels de l'art culinaire, celui du bassin méditerranéen et d'ailleurs,

à Frédérique Fabre, qui a suivi avec une attention de tous les instants la mise au point des *Soupers*, jusque dans le moindre détail des recettes et de leur écriture,

à S. Binet, Anne Chatel-Demenge, Claudine Job, Dominique Lesterlin, M. Vals et quelques autres fidèles habitués toujours prêts à goûter les nouvelles recettes ; de leurs appréciations enthousiastes ou critiques les recettes des *Soupers* ont tiré le plus grand profit,

à René R. Khawam, qui a bien voulu honorer *les Soupers* d'une préface savoureuse à l'image des récits des *Mille et Une Nuits* dont il est le fidèle traducteur.

TABLE ALPHABÉTIQUE

TABLE DES RECETTES

Entrées

Poissons et crustacés

Viandes et volailles

Légumes et céréales

Douceurs et confiseries

TABLE

Ouvrage réalisé
par les Ateliers graphiques Actes Sud.
Photocomposition : Société I.L.,
à Avignon.
Achevé d'imprimer
en septembre 1990
par l'Imprimerie Bussière
à Saint-Amand-Montrond
sur papier des
Papeteries de Jeand'heurs
pour le compte des éditions
ACTES SUD
Le Méjan
13200 Arles.

Dépôt légal
1re édition : octobre 1990
N° impr. 3242